Norwegen

Anja Carstanjen Schroth

Anja Carstanjen Schroth, geb. 1957 in Stuttgart, studierte in der Schweiz und Norwegen und betreibt heute einen Verlag bei Oslo, wo sie seit 1979 lebt. Sie hat als Reiseleiterin in ganz Skandinavien gearbeitet und ist außerdem Autorin mehrerer Bücher und Beiträge über Norwegen.

Svartisen, übersetzt »das schwarze Eis«, ist mit 370 qkm Norwegens zweitgrößter Gletscher. Er liegt direkt am Polarkreis.

INHALT

NORWEGEN

Willkommen in Norwegen

6 Ein Land stellt sich vor
11 Anreise und Ankunft
12 Norwegen mit und ohne Auto
14 Hotels und andere Unterkünfte

Norwegen erleben

16 Essen und Trinken
19 Einkaufen
21 Mit Kindern unterwegs
23 Sport und Freizeitaktivitäten
28 Feste und Festspiele

Sehenswerte Orte und Ausflugsziele

30 **Der Süden**
31 **Kristiansand**
32 Flekkefjord
33 Ibsenhuset
33 Lillesand
34 Lindesnes fyr
34 Lyngør
34 Mandal
34 Merdø
34 Risør
35 Setesdal
35 Setesdalsbanen
35 Tyholmen i Arendal
36 **Oslo**
46 Blaafarveværket
46 Eidsvoll verk
46 Fredrikstad
47 **Tønsberg**
49 Larvik
50 Sandefjord
50 Stavern
50 Venstøp
50 Verdens Ende
50 Åsgårdstrand
51 **Der Osten**
52 Kongsberg
53 Dalen
53 Rjukan
54 **Lillehammer**
56 Aulestad
56 Hamar
56 Neverfjell
56 Peer Gyntveien
57 Skibladner
58 **Lom**
59 Bygdin
59 Galdhøpiggen
60 Nigardsbreen
60 Urnes stavkirke
60 Vågåmo
61 **Røros**
63 Femunden
63 Olavsgruva
63 Rondane Nasjonalpark
64 **Der Westen**
65 Bergen
70 Baroniet Rosendal
70 Hardangerfjord
70 Lysøen
71 Måbødalen
71 Sognefjord
71 Voss
72 **Stavanger**
75 Avaldsnes
75 Hå gamle Prestegård
76 Orrestranden
76 Prekestolen
76 Skudeneshavn
76 Utstein Kloster
77 **Ålesund**

MERIAN-Tips

10 Lesetip
15 Stilvoll wohnen am Sognefjord: Kvikne's Hotel Balholm
17 Kaltes Buffet im Restaurant Charlotte/Loen
20 Wein, Spirituosen und Lebensmittel günstig einkaufen
46 Gut und günstig essen in Oslo
80 Trollstigen
92 Walsafari bei Andenes

78 Atlanterhavsveien
78 Briksdalsbreen
80 Geirangerfjord
80 Grip
80 Loen
81 Molde
81 Runde
81 Selje
81 Strynefjel
81 Trollvegen
82 **Der Norden**
83 Hammerfest
85 Hjemmeluft – Alta museum
85 Karasjok (Kárásjoga Gielda)
85 Kautokeino (Buovdageaidnu)
86 **Kirkenes**
87 Båtsfjord
87 Grense Jakobselv
87 Pasvikdalen
88 St. Georgkapellet i Neiden
88 Vadsø
88 Vardø
89 **Narvik**
91 Bodø und Umgebung
91 Harstad
91 Lofoten
92 Nyksund / Vesterålen
92 Svartisen
93 Tromsø
95 Kystfortet på Storbakken
95 Senja
95 Svalbard
96 **Trondheim**
99 Fosen
99 Leirfall Felszeichnungen
99 Namsen Lakseakvarium
99 Stiklestad

 Karten und Pläne

Norwegen nördlicher Teil ....
....Klappe vorne
Norwegen südlicher Teil ....
.........................Klappe hinten
Trondheim .... Umschlag Rückseite
Der Süden...........................33
Oslo 38/39
Lillehammer.........................57
Bergen................................67
Stavanger...........................75

Die Buchstaben-Zahlen-Kombinationen im Text verweisen auf die Planquadrate der Karten.

Routen und Touren

100 **Mit dem Fahrrad:** Hochgebirgstour auf dem Rallarvegen
102 **Zu Fuß:** Über den Besseggen
103 **Mit dem Auto:** In die Welt der Fjorde
106 **Mit dem Postschiff:** Entlang der Küste
109 **Mit Bahn, Schiff und Bus:** Von Geilo zum Sognefjord

Wichtige Informationen

112 **Norweger von A bis Z**
112 Auskunft
112 Bevölkerung
112 Camping
112 Diplomatische Vertretungen
112 Feiertage
112 Fernsehen
113 Geld
113 Jedermannsrecht
113 Kleidung
114 Medizinische Versorgung
114 Mitternachtssonne
115 Notruf
115 Politik
115 Post
115 Reisedokumente
115 Reisewetter
116 Rundfunk
116 Sprache
116 Stabkirchen
117 Straßennummern
117 Stromspannung
117 Telefon
117 Tiere
117 Zoll
118 **Geschichte auf einen Blick**
120 **Sprachführer**
122 **Eßdolmetscher**
124 **Orts- und Sachregister**
128 **Impressum**

Ein Land stellt sich vor

Magnetisch ziehen sie den Besucher in ihren Bann, die kleinen, hübschen Dörfer Norwegens – von der phantastischen Natur ganz zu schweigen. Wer einmal hier war, kommt immer wieder!

Norwegen hat überraschend viele Gesichter. Es ist ein Land voller Kontraste mit mächtigen Gebirgen, tiefen Fjorden, brausenden Wasserfällen und mit einer dem Meer und Westwind ausgesetzten, stark zerklüfteten Küste, aber auch mit endlos erscheinenden dunklen Wäldern, großen Weizenfeldern, idyllischen Seen und sanften Hügeln. Aber nicht nur das Land ist kontrastreich, sondern auch der Lebensstil seiner Bewohner. Der moderne Städter unterscheidet sich auffallend vom teilweise recht pietistischen, traditionsbewahrenden Dörfler. Hier stößt man auf modernste Technik, dort auf Fischer und Bauern, die wie ihre Vorväter unter einfachsten Verhältnissen ihrer Arbeit nachgehen. Norweger, die gerne Klischees aufrechterhalten wollen, stellen sich selbst und ihr Land als weit ab von der ansonsten hektischen Welt dar, mit einsamen kleinen Gehöften, hübschen Dörfern und gemütlichen Kleinstädtchen, die in einem der reichsten Länder der Welt liegen, in einem Land, in dem Ölfunde und Wasserkraft zu Wohlstand geführt haben.

An der norwegischen Riviera bezaubern kleine weiße Fischerorte und unzählige Inselchen.

Soziales Gefälle

Dies ist jedoch nur ein Teil der Wahrheit. In Norwegens Hauptstadt Oslo herrschen ähnliche Probleme wie in anderen Metropolen Mitteleuropas, obwohl Oslo mit seiner halben Million Einwohner von Ausländern eher als kleinstädtisch angesehen wird. Autos verstopfen auch hier die Straßen und verpesten die Luft, die Kriminalität ist ebenso angestiegen wie der Streß. Doch die Stadt im Inneren des Oslofjordes besitzt trotz allem ihren Charme. In den hellen Sommernächten tummeln sich Einheimische und Besucher im Zentrum, genießen ein frisches, kühles Bier auf einem der Restaurantboote und bevölkern die Straßencafés.

Ganz anders das Leben auf dem Lande, weitab von den wenigen norwegischen Ballungszentren. Bis Anfang dieses Jahrhunderts war Norwegen ein armes Land, in dem die meisten Menschen als Kleinbauern und Fischer lebten und sich einem rauhen Klima anpassen mußten. Da zwei Drittel des Landes von Fels und Stein überzogen sind, ist es kein Wunder, daß jedes Fleckchen Erde, das sich zum Anbau eignete, bewirtschaftet wurde. Selbst in den entlegensten Tälern, weit oben an steilen Abhängen und sogar oberhalb von tiefen Fjorden entdeckt man auch noch heute alte Gehöfte, auf denen sich die Menschen früher unter äußerst kümmerlichen Verhältnissen durchschlugen.

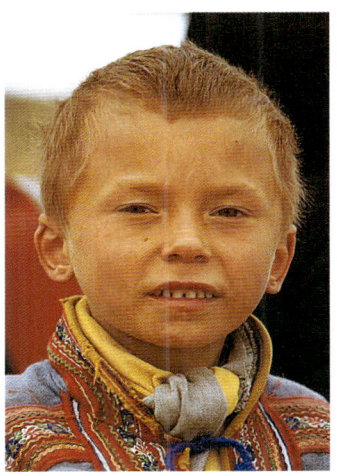

Rund die Hälfte der ungefähr 50 000 auf Nordskandinavien verteilten Samen leben im norwegischen Teil Lapplands. Ihre Kultur wird erst seit rund drei Jahrzehnten wieder gefördert.

Für Städter, die sich nach Einsamkeit und Freiheit sehnen, sind die kleinen Höfe und Gebirgs- und Fischerdörfer ein wahres Idyll, doch wer hier tagaus, tagein lebt, träumt oftmals von einem bequemeren Leben, einem Leben ohne meilenweiter Abstand zum Wohlstand. Viele ziehen daher in die größeren Orte. Zurück geblieben sind die alten Menschen. Im Sommer zieht es jedoch trotzdem einige Norweger zurück in die verlassenen Dörfer und auf die kleinen, dem Sturm ausgesetzten Inseln. Manche haben in den letzten Jahren die verfallenen Häuser wieder aufgemöbelt, um sie im Sommer an Urlauber zu vermieten.

Folkesjela – der wahre Norweger

Die Geographie und das rauhe Klima haben natürlich auch einen Einfluß auf die sogenannte **folkesjela** (»Volksseele«), die typisch norwegische Denk- und Verhaltensweise, mit der sich auch die Norweger selbst äußerst viel beschäftigen. Norwegen ist ein Land, das nicht gerade zum häufigen Zusammensein zwischen den Menschen einlädt. Auf dem Land ist der Abstand zum nächsten Nachbarn noch immer recht weit. Kein Wunder, daß spontane Besuche wenig verbreitet sind und der Individualismus zu einer der auffallendsten Eigenschaften der Norweger gehört. Außerdem ist es in großen Teilen des Landes die meiste Zeit des Jahres zu kalt, um sich zum Schwatz im Freien zu treffen. Wenn jedoch ein Fest stattfindet, dann wird an nichts gespart, dann wird reichlich gegessen und für allerhand Unterhaltung gesorgt.

Eine Rolle hat auch der Protestantismus bei der Ausformung der **folkesjela** gespielt. Obwohl Norwegen heute eines der am wenigsten religiösen Länder Westeuropas ist, hat vor allem entlang der Südküste und in Westnorwegen der seit der Reformation vorherrschende Pietismus überlebt. Er zeigt sich in Form von öffentlichen Maßnahmen wie staatlichen Verkaufsstellen für Alkohol und hohe Alkoholsteuern, aber auch durch eine teilweise äußerst genügsame Lebensweise.

Zurückhaltend, aber direkt

All dies trägt zur Erklärung der Eigenart der eher wortkargen und zurückhaltenden Norweger bei. Wer zum ersten Mal Norweger trifft, kann manchmal den Eindruck bekommen, nicht erwünscht zu sein. Große Begrüßungsszenen und der andernorts übliche Gruß beispielsweise beim Betreten oder Verlassen eines Ladens bleiben zumeist ganz aus. Andererseits sagen die Norweger oft direkt, was sie auf dem Herzen haben. Touristen, die sich von diesem direkten Verhaltensstil nicht abschrecken lassen, werden schnell das Entgegenkommen und die Hilfsbereitschaft der Norweger kennenlernen. Doch erwarten Sie nicht, dann auch gleich nach Hause eingeladen zu werden. Die eigenen vier Wände – beinahe neunzig Prozent aller Norweger wohnen im Eigenheim – sind für viele Norweger ihr ein und alles. Sie verwenden viel Geld und Zeit für den Bau und die Ausschmückung, und viele werkeln selbst an ihrem Haus herum. Doch anstatt diesen Einsatz stolz aller Welt zu zeigen, sind es in erster Linie nur Freunde und Verwandte, denen dieses Heim zur Verfügung gestellt wird.

Obwohl man auf den ersten Blick vielleicht den Eindruck gewinnen kann, daß die Norweger unfreundlich seien, so fehlt es nämlich keineswegs an Höflichkeitsformeln. Man bedankt sich für das letzte Zusammentreffen, ob es nun einen Tag zurücklag (**takk for i går** – danke für gestern) oder längere Zeit (**takk for sist** – danke für das letzte Mal). Auch dankt man beim Abschied nach einem gemeinsamen Tag oder Abend für das Zusammensein (**takk for i dag** – danke für heute) oder sogar für seine eigene Teilnahme (**takk for meg** – danke für mich). Geradezu unhöflich ist es, einem Gastgeber, der einen zum Essen eingeladen hat, beim Verlassen des Tisches nicht für das Essen zu danken (**takk for maten** – danke für das Essen).

Platz für alle

Straßen, die heute beinahe in alle Winkel des Landes führen, lange Tunnels und gigantische Brücken haben das Land zugänglicher gemacht, nicht nur für die norwegische Bevölkerung, sondern auch für die vielen Touristen, deren Zahl von Jahr zu Jahr ansteigt. In den letzten zehn, 15 Jahren entstanden auch zahlreiche Ferienzentren und Freizeitparks, es wurden neue Skilifte gebaut und die Grundlage für die verschiedensten Aktivitätsferien geschaffen. Aber das Land ist groß – ungefähr 40 000 Quadratkilometer größer als die Bundesrepublik Deutschland (wenn man Svalbard mitrechnet) –, und da die Größe der Bevölkerung gerade einem zwanzigsten Teil der deutschen Bevölkerung (4,4 Millionen Menschen) entspricht, gibt es folglich auch noch genügend Natur für alle, auch für die vielen Besucher, die in Norwegen Ruhe und Abstand vom hektischen Alltag suchen. Selbst in Oslo liegt nur wenige Kilometer vom Zentrum entfernt ein Dorado zum Skilanglaufen, Wandern, Radfahren und Kanu- und Kajakpaddeln.

Stabkirchen werden gern mit Segelschiffen verglichen: Ihre gestaffelten Dächer erinnern an Segel.

Natur als Lockmittel: Gletscher, Fjorde, Inseln

In Sachen Natur bietet Norwegen eigentlich alles, was man sich nur wünschen kann. Besonders imponierend sind die Gletscher, Reste aus jener Zeit, als Nord- und Mitteleuropa noch unter einer dicken Eisdecke begraben lag. Als sie abschmolzen, gruben sie tiefe Täler und Schluchten, rissen loses Gestein mit sich und hinterließen schließlich ein Land mit abgescheuerten, blanken Felsen, mächtigen Hochflächen und tiefen Fjorden. Während einer Fjordfahrt kann man das phantastische Zusammenspiel der Elemente Wasser, Erde und Luft erleben. Wer sich schließlich an den Fjorden satt gesehen hat, kann ostwärts hinauf in die Gebirge fahren, in denen man noch wirkliche Ruhe erleben und stundenlang oder sogar tagelang wandern kann. Übernachtet wird in gemütlichen kleinen Gebirgshütten, in denen man sich teilweise selbst versorgt. Hier hat man dann auch wirklich die Möglichkeit, mit Norwegern in Kontakt zu kommen.

Ein besonderes Erlebnis ist auch der Besuch der zahllosen Inseln, die teilweise wie ein Bollwerk vor der west- und nordnorwegischen Küste liegen. Am bekanntesten sind ohne Zweifel die nordnorwegischen Lofoten mit ihren bis zu 1000 Meter hohen Zinnen, die direkt aus dem Wasser ragen. Hier oder auf einer der vielen anderen Inseln kann man sich ein kleines Fischerhäuschen – ein **rorbu** – mieten, zum Angeln hinaus aufs Meer fahren und ansonsten die Seele baumeln lassen. Ein wahrer Balsam für die Seele! Dies meinen sicherlich auch die vielen Touristen, die immer wieder nach Norwegen kommen. Und glaubt man Meinungsumfragen, so kommen die meisten, die einmal in Norwegen waren, immer wieder zurück!

LESETIP

Wer eine Reise durch das Gudbrandsdalen im Osten des Landes plant, dem sei schon vorab die Lektüre der Romantrilogie »**Kristin Lavranstochter**« der norwegischen Schriftstellerin Sigrid Undset (1881–1955), erschienen im Herder Verlag, empfohlen. In diesem spannenden Roman vom Anfang des 14. Jahrhunderts beschreibt sie auf ergreifende Weise das harte Leben der Bauern in diesem Tal. Wer möchte, kann sich in Nord-Sel bei Otta eine Rekonstruktion von Kristin Lavranstochters Hof Jørungård anschauen.

ANREISE UND ANKUNFT

Nichts ist schöner, als in den frühen Morgenstunden auf dem glatten Wasser dahinzugleiten und Norwegens Küste langsam am Horizont auftauchen zu sehen.

Auto und Fähre Von Kiel aus gelangt man innerhalb von 19 Stunden mit der Fähre direkt nach Oslo. Von Hirtshals in Dänemarks Nordjütland dauert die Überfahrt nach Oslo 8 1/2 Stunden, von Kopenhagen 16 Stunden. Ebenfalls am Oslofjord liegt Moss, das in sieben bis neun Stunden von Hirtshals bzw. Frederikshavn/Nordjütland aus angelaufen wird. Schneller reist man von Hirtshals und Frederikshavn nach Kristiansand bzw. Larvik in Südnorwegen. Die Überfahrt dauert tagsüber 2 1/2 bis sechs Stunden, abhängig von der Strecke und Fährlinie, nachts sechs bis elf Stunden. Besonders beliebt sind die Katamarane und Expreßschiffe, die innerhalb von zwei bis drei Stunden das Skagerrak überqueren. Billig sind die Überfahrten zwischen Frederikshavn und Göteborg und entlang der sogenannten Vogelfluglinie zwischen Puttgarden und Rødby/Dänemark und Helsingør/Dänemark und Helsingborg/Schweden. Je kürzer jedoch die Fährfahrt dauert, desto mehr Zeit muß man im Auto verbringen.

Wer von Finnland kommt, dem ist vor allem die Strecke zwischen Ivalo/Finnland und Karasjok/Norwegen zu empfehlen (156 Kilometer). Spannend ist auch die Anfahrt auf der E 8 zwischen dem finnischen Ort Karesuando und Skibotn im nordnorwegischen Bezirk Troms. Die Strecke führt größtenteils an der schwedisch-finnischen Grenze entlang. Weitere Anfahrtsmöglichkeiten von Schweden: Strömsund/Schweden auf der Straße 342 nach Lierne/Norwegen am Rv 74 oder auf der E14 von Östersund/Schweden in Richtung Trondheim.

Mit Eisenbahn und Bus Gegen Abend besteigt man den Zug in Hamburg, steigt in Kopenhagen in den Schlafwagen um, und 13,5 Stunden später ist man in Oslo. Oder Sie steigen in Hamburg in den NOR-WAY Bussekspress (→ S. 13). (Info bei: Karl Johans, Gate 2, 0154 Oslo. Tel. 22 33 01 90, Fax 22 42 50 33, www.nor-way.no) und sind 11 Stunden später in Kristiansand bzw. 15 Stunden später in Stavanger. Kinder bis 12 Jahre erhalten 50 Prozent Rabatt.

Mit dem Flugzeug Oslo wird von mehreren Gesellschaften von allen großen Flughäfen angeflogen, Bergen unter anderem ab Hamburg, München und Frankfurt (AERO LLOYD u. a.). Nach Svalbard kommt man über Tromsø.

Mit und ohne Auto

Zeit und Geduld gehören zu den wichtigsten Dingen, die man bei der Benutzung der norwegischen Straßen und Fähren mitbringen sollte.

Auto In West- und Nordnorwegen sollte man aufgrund teilweise recht kurviger Strecken und Wartezeiten auf Fähren genügend Zeit einplanen. Rund um die Uhr muß mit **Licht** gefahren werden, auch gilt **Anschnallpflicht**. Im Kreisverkehr (**rundkjøring**) hat der Vorfahrt, der sich im Kreisel befindet. Mit **kollektivfelt** markierte Fahrbahnen sind Taxis und öffentlichen Verkehrsmitteln vorbehalten. Zu schnelles Fahren und Falschparken kann teuer werden. Die **Promillegrenze** liegt bei 0,5 Promille. In den größeren Städten parkt man am besten im Parkhaus, ansonsten holt man sich einen Parkschein am Automaten. In Oslo, Bergen und Trondheim und vor einigen Brücken und Tunnels muß Maut gezahlt werden. Für Wohnwagenfahrer gibt es eine eigene Karte, die beim Norwegischen Fremdenverkehrsamt erhältlich ist (→ Auskunft, S. 112). Die Pannenhilfe von NAF (Norwegischer Automobilklub) erreicht man unter Tel. 81 00 05 05.

Fähren In Norwegen gibt es rund 200 Fährstrecken. Eine Übersicht mit Fahrplänen und Preisen findet man im »Rutebok for Norge«.

Mit dem Fahrrad kommt man in Norwegen auch in entlegene Gebiete.

Mit und ohne Auto

Fahrrad An größeren Orten gibt es Fahrradverleihe (sykkelutleie). Für längere Touren lohnt sich die Mitnahme des eigenen Rads. Im Zug zahlt man 90 NOK, im Bus oft ein Kinderticket, im Flugzeug 50 bis 100 NOK. Achtung im Zug muß das Rad bis zu 72 Stunden früher gesendet werden!

Eisenbahn Die beliebteste Strecke: Bergenbahn von Oslo nach Bergen mit Abstecher nach Flåm. Auf »grünen« Strecken erhalten Senioren über 67 Jahren, Kinder bis 16 Jahre, Besitzer einer Kundenkarte (390 NOK) der Norwegischen Staatsbahn (NSB) 50 Prozent, Studenten 60 Prozent Rabatt und zusammen mit Erwachsenen fahren zwei Kinder bis 12 Jahre gratis (Englische Infos: www.nsb.no/person!). Mit dem Scanrail-Paß (512/654 DM, erhältlich in deutschen Reisebüros) kann man 21 Tage unbegrenzt Zug fahren. eine Scanrail flexi-Karte lohnt sich für alle, die nicht alle Tage fahren möchten: 5 Zugfahrtage kosten 326/396 DM, 10 Tage 444/542 DM.

Flugzeug Braathens SAFE und Widerøe, Norwegens größte Fluggesellschaften, fliegen zusammen über 50 norwegische Flugplätze an. Kinder bis 16 Jahre fliegen für den halben Preis. Wohnt man außerhalb Skandinaviens, kann man Braathens VISIT NORWAY PASS oder den VISIT SCANDINAVIA PASS von SAS erwerben. Nähere Auskünfte über Rabatte/Sommerpreise: **www.sas.no** und **www.braathens.no**.

Bus NOR-WAY Bussekspress verbindet Norwegens größere Ortschaften. Info: Deutsche Touring GmbH, Am Römerhof 17, 60486 Frankfurt, Tel. 0 18 05/25 02 54, **www.deutsche-touring.com**

Entfernungen in Norwegen in Kilometern

	Bergen	Hammerfest	Kirkenes	Kristiansand	Lillehammer	Narvik	Oslo	Stavanger	Tromsø	Trondheim	Ålesund
Bergen	–	2320	2700	411	450	1650	485	160	1915	745	390
Hammerfest	2320	–	500	2410	1935	665	2070	2480	445	1575	1925
Kirkenes	2700	500	–	2790	2315	1050	2455	2860	800	1955	2310
Kristiansand	410	2410	2790	–	485	1740	330	250	2005	835	770
Lillehammer	450	1935	2315	485	–	1265	170	545	1530	360	390
Narvik	1650	665	1050	1740	1265	–	1405	1315	260	910	1260
Oslo	485	2070	2455	330	170	1405	–	575	1665	495	560
Stavanger	160	2480	2860	250	545	1815	575	–	2075	905	605
Tromsø	1915	445	800	2005	1530	260	1665	2075	–	1170	1520
Trondheim	745	1575	1955	835	360	910	495	905	1170	–	350
Ålesund	390	1925	2310	770	390	1260	560	605	1520	350	–

HOTELS UND ANDERE UNTERKÜNFTE

Holzhütte oder Luxushotel?
Wie und wo auch immer Sie wohnen möchten – in Norwegen findet jeder jederzeit ein passendes Dach überm Kopf.

In Norwegen gibt es derart viele Übernachtungsmöglichkeiten, daß Sie außerhalb der beliebtesten Fremdenverkehrszentren meist auch ohne Vorbestellung für eine Nacht ein Dach finden. Reservieren Sie jedoch in Städten oder mieten Sie Hütten frühzeitig! In Hotels ist das Frühstück im Preis inbegriffen. Ermäßigungen gibt es oftmals nach drei Tagen und am Wochenende. Kinder unter vier Jahren übernachten zumeist umsonst, Kinder bis 16 Jahre können teilweise für 100 bis 200 NOK im Extrabett im Zimmer der Eltern schlafen. Mehrere Hotelketten bieten für Inhaber verschiedenster Hotelschecks oder -pässe Sommerpreise an.

Mit dem Ferienpaß der **Rica Hotelkette** erhält man bis zu 50 Prozent Rabatt und kann jede fünfte Nacht kostenlos übernachten. Infos: +47/67 80 72 80 oder www.rica.no. Mit dem **Best Western estern Ferienpass** (17 DM) kann man ab 590 NOK im Doppelzimmer inkl. Frühstück übernachten. Kostenlose Buchung in Norwegen Tel. 80 01 16 24 oder Tel. 0 18 02/21 25 88 (Deutschland), 06 60 51 94 (Österreich), 08 00 55 23 44 (Schweiz) oder www.bestwestern.no.

Das Hotel Husum (→ S. 111) liegt zwischen Lærdal und der Borgund-Stabkirche. Schon seit 1834 empfängt man hier Gäste.

HOTELS UND ANDERE UNTERKÜNFTE

Camping- und Ferienhütten Viele der rund 1400 Campingplätze vermieten auch Hütten zwischen 250 bis 700 NOK, abhängig vom Standard. Adressen von Campingplätzen findet man im **Norsk Camping Guide**, erhältlich beim Fremdenverkehrsamt in Hamburg (→ S. 112), außerdem im Campingführer **Camp** des Norwegischen Automobilverbandes **NAF**, auf dessen Plätzen ADAC-Mitglieder fünf bis zehn Prozent Ermäßigung erhalten.

Typisch norwegisch ist der Urlaub in der **feriehytte** (Ferienhütte). Entlang der Westküste und im Norden kann man auch in auf Pfählen stehenden **rorbuer** (Fischerhäuschen) übernachten. Ferienhäuser oder -hütten kosten je nach Standard zwischen 2500 und 10 000 NOK pro Woche.

Jugendherbergen Norwegens über 90 Jugendherbergen haben überwiegend einen hohen Standard. Online-Buchung www.vandrerhjem.no, oder Norske Vandrerhjem Dronningensgt. 26, N-0154 Oslo, Tel. +47/23 13 93 00, Fax 23 13 93 50.

Wer weder in einer Campinghütte oder Jugendherberge übernachten möchte, aber Hotelaufenthalte zu teuer findet, kann versuchen, in sogenannten Sommerhotels des Studentenwerks (**Studentsamskipnaden**) ein Zimmer zu ergattern, unter anderem in Kristiansand, Trondheim, Oslo und Bergen – oder in den Sommerhotels von Norske Misjonshoteller (www.nm-hotels.no).

Preisklassen

Die Preise gelten für eine Übernachtung im Doppelzimmer mit Frühstück.
Luxusklasse ab 1200 NOK
Obere Preisklasse ab 700 NOK
Mittlere Preisklasse ab 400 NOK
Untere Preisklasse bis 400 NOK

MERIAN-TIP

Kvikne's Hotel Balholm In diesem wunderschönen weißgestrichenen Holzpalast im Drachenstil direkt am Sognefjord im hübschen Ort Balestrand logieren seit 1877 Gäste aus aller Welt. Zu den bekanntesten gehört ohne Zweifel Kaiser Wilhelm II. Im Prunksaal mit alten geschnitzten Möbeln, in dem nach der Schlacht am kalten Buffet zum Tee eingeladen wird, steht sogar noch ein Stuhl, auf dem der Kaiser angeblich gesessen haben soll. Balestrand, Tel. 57 69 11 01, Fax 57 69 15 02, 190 Zimmer, Obere Preisklasse (EC, Visa, AE)
■ B9

Essen und Trinken

Traumhaft guter Karamelpudding für die »Süßen«, leckere Heringssalate, gedämpfter Lachs und geräucherte Hammelkeule für herzhafte Esser – die Schlacht am kalten Buffet wird zum Erlebnis.

Norwegens Küche wird oftmals als phantasie- und farblos bezeichnet. Wer einmal in einer **kro** oder **kafeteria** an der Landstraße oder im Einkaufszentrum erlebt hat, daß das Fleisch oder der Fisch lieblos zusammen mit Kartoffeln und ungewürztem Gemüse auf den Teller geknallt wurde, wird dieser Behauptung sicherlich beipflichten. Glücklicherweise ist dies immer seltener der Fall, denn auch die Norweger lassen sich nicht mehr mit lieblos zubereiteten Gerichten abspeisen. Dies sieht man deutlich an der zunehmenden Zahl von guten Gourmet- und Fischrestaurants und kleinen, intimen Wirtshäusern, die Wert auf Stil legen. Einige haben sich sogar einen Stern im Guide Michelin gesichert. Gute Hotels locken außerdem mit leckeren kalten Buffets. Auf einem wirklich guten **koldtbord** fehlt es an nichts. Hier findet man geräucherten und gekochten Lachs, eingelegte Heringe, Wurst, geräuchertes Hammel-, Elch- und Rentierfleisch, leckere Salate, warme Gerichte und traumhaft gute Nachspeisen.

Hier ist Selbstbedienung angesagt: ein Obststand am Wegesrand.

Norwegische Eßgewohnheiten

Morgens wird der Tag zumeist mit einem reichhaltigen **frokost** (Frühstück) begonnen. In den meisten Hotels kann man sich an einem großen Frühstücksbuffet mit Wurst, Käse, Marmelade, Müsli, Rührei, Speck und kleinen Würstchen satt essen. Zur Mittagszeit wird meistens nur **lunsj** (Lunch) gegessen. Ein, zwei **smørbrød** (belegte Schnitten) mit Kaffee oder Tee, zu mehr bleibt den Berufstätigen in der halbstündigen Mittagspause keine Zeit. Warm wird erst ab ca. 16 Uhr oder am Abend gegessen. In Hotels und Pensionen wird das norwegische **middag** (warme Hauptmahlzeit) meist zwischen 18 und 20 Uhr serviert. In manchen Hotels gibt es abends auch ein **koldtbord**, das für Skandinavien typische kalte Buffet mit nicht nur kalten, sondern auch einigen warmen Gerichten. Zum Essen wird Wein oder Bier serviert, aber es ist auch ohne weiteres möglich, um eine Karaffe mit kaltem Wasser zu bitten. Nach dem Essen kann man Kaffee oder Tee im Salon des Hotels trinken.

Hausmannskost und Spezialitäten

Die norwegische Hausmannskost ist oftmals einfach. Würste (**pølser**) und Fleischfrikadellen (**kjøttkaker**) oder gekochter Köhler (**sei**) oder Kabeljau (**torsk**) gehören im billigen Wirtshaus meist zu den Standardgerichten, neben dem mehr deftigen, sauren Rahmbrei (**rømmegrøt**) und der meist reichhaltigen Fischsuppe (**fiskesuppe**).

Typisch für Norwegens nördlichste Region, die Finnmark, sind **Rentiergerichte**. Hier wird alles, was vom Rentier verwertet werden kann, serviert, sogar Rentierherzen (**reinsdyrhjerter**) und Rentierzungen (**reinsdyrtunger**). Der Elchbraten (**elgsteik**) ist vor

MERIAN-TIP

Restaurant Charlotte Das riesengroße kalte Buffet im Hotel Alexandra in Loen im Inneren des Nordfjordes gehört ohne Zweifel zu Norwegens besten. Hier bekommt man alles, was auf ein norwegisches Buffet gehört: leckere Lachs- und Heringsgerichte, geräuchertes Fleisch, auch vom Hammel, Rentier und Elch, leckere warme Gerichte und tolle Nachspeisen. Das Buffet wird zwischen 18 und 21 Uhr serviert. Tel. 57 87 50 00, Obere Preisklasse (EC, Visa, AE, Diners)
■ B 8

allem in den waldreichen Regionen Oppland, Hedmark und Trøndelag zu Hause. Besonders lecker ist in Rotwein mariniertes Elchfleisch mit Preiselbeeren (**elgkjøtt med tyttebær**). Hammelfleisch (**lammekjøtt**) wird eigentlich in ganz Norwegen serviert, vor allem **fårikål**, in Kohl gekochtes Hammelfleisch, und **fenalår**, geräucherte Hammelkeule. Typisch westnorwegisch ist **pinnekjøtt**, geräuchertes Hammelfleisch, das auf Birkenholz im Topf gekocht wird. Dieses Gericht wird oftmals zu Weihnachten gegessen. Wirklich speziell und selbst bei Norwegern nur teilweise beliebt ist **smalahove**, getrockneter Hammelkopf, der stundenlang gekocht wird. Früher wurde dieses vor allem westnorwegische Gericht am letzten Sonntag vor Weihnachten zubereitet.

Fisch in allen Variationen

In einem Land mit einer derart langgestreckten Küste gibt es natürlich auch zahlreiche **Fischspezialitäten**. Besonders bekannt ist gekochter **laks**, der sowohl kalt als auch warm serviert wird. Typisch sind auch die verschiedensten Heringsgerichte, vor allem **syltet sild**, eingelegter Hering. Wirklich speziell sind **torsketunger**, Zungen vom Kabeljau, die in Nordnorwegen vor allem mit Curry gewürzt werden. Vor Weihnachten locken einige Restaurants mit **lutefisk**, in Lauge gelegter Stockfisch (getrockneter Kabeljau), der in Alufolie im Ofen gegart wird. Serviert wird der Fisch mit Speck, Erbsenbrei und Kartoffeln. Ebenfalls etwas Besonderes ist **rakørret**, gesalzene und angegorene Forelle, die entweder kalt oder gekocht (am besten in Bier) serviert wird. Im Binnenland gehört **sik** (Blaufelchen) zu den wirklichen Spezialitäten.

Zum Schluß müssen auch noch Norwegens deftige Breispeisen erwähnt werden. Typisch fürs Gebirge ist **rømmegrøt**, fetter Brei aus saurem Rahm und Mehl, der enorm sättigt. **Riskrem**, sahniger Reisbrei, wird als Nachtisch zusammen mit Himbeer- oder Erdbeersauce serviert. Ebenfalls mächtig ist **moltekrem**, eine Sahnespeise mit Multebeeren. Typisch norwegisch ist außerdem **lefsa**, ein dicker, zusammengeklappter Fladen aus Mehl, Sauermilch, Zucker, Sirup und Kardamom, der mit einer zuckrigen Buttermasse bestrichen wird.

Noch eine norwegische Besonderheit: In zahlreichen Restaurants muß man seine Jacke/seinen Mantel an der Garderobe abgeben (kostet 5 bis 10 NOK!).

Preisklassen

Die Preise beziehen sich jeweils auf ein Menü (Vor-, Haupt- und Nachspeise) ohne Getränke, aber inkl. Steuern.
Luxusklasse ab 600 NOK
Obere Preisklasse ab 400 NOK
Mittlere Preisklasse ab 250 NOK
Untere Preisklasse unter 250 NOK

EINKAUFEN

Norwegerpullover mit den ausgefallensten Mustern finden Sie günstig im kleinen Handarbeitsgeschäft auf dem Lande, teurer in Souvenirläden.

Wer nicht gerade allergisch gegen echte Wolle ist, sollte auf jeden Fall einen handgestrickten **Norwegerpullover** oder eine dicke Strickjacke als Mitbringsel mit nach Hause nehmen. Handgestrickte Stücke sind natürlich teurer als maschinengestrickte, aber oftmals schöner. Wenn Sie Glück haben, können Sie vor allem in kleineren Läden auf dem Lande ein Schnäppchen machen. Am teuersten sind hoteleigene Verkaufsläden und große Andenkengeschäfte.

Porzellan

Wunderschön ist auch das **Porzellan** der **Porsgrund Porselænsfabrik**. Die Fabrik in Porsgrunn, die besichtigt werden kann, hat auch eine eigene Verkaufsstelle. Auch das **Hadeland Glassverk** (ca. 15 Kilometer nördlich von Hønefoss am Rv 35), in dem man den Glasbläsern direkt bei der Arbeit zuschauen kann, verkauft Waren im fabrikeigenen Laden. Ansonsten lohnt ein Besuch im **GlasMagasinet** in Oslo und Bergen. Beliebt sind außerdem **Zinnwaren** und **Silberschmuck**. Besonders bekannt sind die Schmuckstücke aus dem Setesdalen. Hier werden auch schöne **Silberbroschen** hergestellt.

Rentierfelle

Im hohen Norden bei den Samen, aber auch in einigen Souvenirläden weiter südlich, werden **Rentierfelle** angeboten. Beim Kauf sollte man darauf achten, daß die Felle nicht haaren. Felle von Rentieren, die vor dem Schlachten gerade vom Winter- zum Sommerpelz übergewechselt haben, lassen besonders viel Haare. Haaren können auch Mützen und Taschen aus Rentierfell. Wollen Sie ein **Rentiergeweih** mit nach Hause nehmen, schauen Sie nach, daß es auch wirklich vollkommen gereinigt ist. Beliebte Mitbringsel aus Nordnorwegen sind außerdem scharfe **Samenmesser**.

Einkaufen im Supermarkt

In Norwegen sind in den letzten Jahren die Supermärkte geradezu wie Pilze aus dem Boden geschossen. Die billigsten Supermarktketten sind **Prix, Rema, Mega** und **Rimi**. Hier findet man alles, was man braucht, aber selten Delikatessen, frischen Käse und Fisch oder frische Fleisch- und Wurstwaren. Bei **ICA** und **OBS** ist die Warenauswahl schon größer. Im Landhandel in kleineren Ortschaften werden nicht nur

EINKAUFEN

Lebensmittel verkauft, hier gibt es auch Haushaltswaren, Geschirr, Kleidung, ja sogar Angelruten und Schuhe.

Kein Ladenschlußgesetz

Die Geschäfte sind auf jeden Fall von montags bis freitags von 10 bis 16.30 Uhr und samstags von 9 bis 13 Uhr geöffnet, doch Supermärkte schließen meist erst irgendwann zwischen 19 und 21 Uhr, am Samstag zwischen 15 und 18 Uhr. In den Städten gibt es auch Großkioske, die teilweise bis Mitternacht offen haben. Größere Tankstellen, die oft von 7 bis 23 Uhr – oder sogar rund um die Uhr – geöffnet haben, führen auch einige wichtige Lebensmittel, und manche auch frische Backwaren. Täglich geöffnet sind die Geschäfte der Ladenkette **Seven Elleven**.

Ein breites Angebot an Geschäften verschiedenster Art findet man vor allem in den Einkaufszentren, die in den letzten Jahren in den größeren Ortschaften wie Pilze aus der Erde geschossen sind und zur Schließung zahlreicher lokaler Geschäfte in den kleineren Orten geführt haben.

Tax-Free-Shopping

In Läden, die ein **Tax-Free**-Schild an der Eingangstür haben, können Sie sich einen **Tax-Free-Shopping**-Scheck für Waren über 308 NOK ausstellen lassen. Alleine in Oslo sind über 500 Geschäfte dem **Norway Tax-Free-Shopping**-System angeschlossen. In Norwegen gibt es insgesamt 2600 Tax-Free-Geschäfte. Bei der Ausreise legen Sie den Scheck, die versiegelte Ware und Ihren Paß dem Tax-Free-Vertreter (nicht dem Zöllner!), beispielsweise auf dem Schiff oder Flugplatz, vor. Sie bekommen dann direkt elf bis 18 Prozent Mehrwertsteuer zurückerstattet.

MERIAN-TIP

Norwegen wird gerne mit teuren Lebensmitteln und geradezu «unbezahlbarem» Bier, Wein und Schnaps verbunden. **Wein** und **Spirituosen**, die nur in staatlichen Verkaufsstellen (**Vinmonopolet**) verkauft werden, sind rund drei- bis viermal so teuer wie in Deutschland. Wer bei seinem Norwegenurlaub nicht ohne auskommt, für den lohnt es sich daher, die erlaubte »Quote« (→ Zoll, S. 117) im Tax-Free-Shop auf der Fähre nach Norwegen oder auf dem Flughafen zu erstehen. Wer bei Lebensmitteln sparen will, aber trotzdem Vielfalt wünscht, sollte sich unter anderem nach Läden der Ketten ICA, MAXI, MEGA und MENY JENS EVENSEN umschauen.

MIT KINDERN UNTERWEGS

Prädikat »ausgesprochen kinderfreundlich«.
Nicht nur in norwegischen Familienparks steht der Nachwuchs im Mittelpunkt, sondern auch in einigen Museen – und im Alltag sowieso.

Besonders beliebt sind Hüttenferien entlang des Sørlandet. Mit etwas Planung können Kinder aber auch auf eine Rundreise mitgenommen werden. Kinder sind überall gerne gesehen, außerdem kann man ausgezeichnet mitten in der freien Natur Rast machen. Aufgrund vielfach kurviger und teilweise auch enger Straßen sollte man Kindern täglich aber nicht mehr als 250 bis 300 Kilometer zumuten und Ruhetage einlegen.

Besonders kinderfreundlich sind Selbstbedienungsrestaurants (**kro** oder **kafeteria**). Hier gibt es Kinderstühle, oftmals auch Spielecken und Wickeltische. Zum Übernachten bieten Hotels vielfach eigene Familienzimmer an. In einigen Hotels können Kinder sogar bis zu ihrem 16. Geburtstag für nur 100 bis 200 NOK im selben Zimmer mit den Eltern übernachten. Auch bei Bahn- und Busfahrten gibt es verschiedene Rabatte. Die norwegische Eisenbahn hat auf einigen Strecken sogar einige Spielabteile.

Für Kinder geeignet ist – außer Freilichtmuseen und Badeländern – das neue Norwegische Ölmuseum in Stavanger (→ S. 73).

Der malerische Nærøyfjord zählt zu den Highlights im Fjordland: Natürlich kann man auch in dem kristallklaren Wasser herrlich baden.

Mit Kindern unterwegs

Hunderfossen Familiepark ■ C 9
Im 37 Meter hohen Märchenschloß kann man eine abenteuerliche Fahrt in die norwegische Märchenwelt unternehmen. In der Märchengrotte des Künstlers Ivo Caprino stolpert man den Trollen über die Füße. Norwegenreise mit dem Supervideograf und Energiemuseum. Vergnügungspark ohne Disney-Prägung!
Fåberg, 15 km nördlich von Lillehammer (E6).
Juni-Mitte Aug. tgl. 10–17 Uhr, Juli bis 20 Uhr
Eintritt 160 NOK, Kinder 145 NOK

Kristiansand Dyrepark ■ b 4, S. 33
Eines der beliebtesten Ferienziele norwegischer Kinder. Besonders spannend sind die Stadt der »Räuber von Kardemomme« mit den Figuren des Kinderbuchautors Thorbjørn Egner und Kapitän Säbelzahns Burg mit geheimen Gängen und das Piratenschiff »Die schwarze Witwe«. Zum Park gehören auch Tiergehege mit rund 800 nordischen und exotischen Tieren.
12 km östlich von Kristiansand (E 18)
Mitte Juni–Mitte Aug. 10–18 Uhr, sonst 10–16 Uhr
Eintritt 185 NOK, Kinder 160 NOK
Übernachtung:
Kardemommehus
In den kleinen Häusern der »Kardemommestadt« für fünf bis acht Personen mit Dusche/WC ab 990 NOK (Nebensaison) bis 3890 NOK pro Haus/Nacht. Eintrittskarten inbegriffen.
Buchung Tel. 38 04 98 00
www.dyreparken.com
Mittlere Preisklasse (AE, EC, Visa)

Namsskogan Familiepark ■ D 6
Norwegens nördlichster Freizeitpark mit Elchen, Rentieren und anderen Tieren. Wunderschön für kleinere Kinder. Rodelbahn.
Trones an der E 6, ca. 40 km nördlich von Grong
Juni–Ende Aug. tgl. 11–16, Sommerferien 10–19 Uhr
Eintritt 110 NOK, Kinder 90 NOK

Telemark Sommarland ■ b 2, S. 33
Riesengroßer Wasservergnügungspark.
3 km nördlich von Bø (Rv 36)
Juni– Aug. 10–17, Juli bis 20 Uhr
Eintritt 170 NOK, Kinder 150 NOK

VikingLandet ■ c 2, S. 33
Ein kinderfreundlicher Freizeitpark, der ganz den Wikingern gewidmet ist! Hier kann man mit einem Wikingerschiff und Entdecker Leiv Eirikson neues Land erobern (vor allem für ältere Kinder geeignet!), mehr über die Wikingertraditionen lernen und sich mit echten Wikingern unterhalten. Gleich nebenan: der Vergnügungspark TusenFryd.
Vinterbro, Kreuzung E 18/E 6, ca. 25 km südlich von Oslo, jede 1/2 Std. Bustransport vom Osloer Busterminal.
Mitte Juni–Mitte Aug. tgl. 13–19 Uhr, Eintritt 100 NOK,
Eintritt mit Tusenfryd 195 NOK,
Kinder 160 NOK

VillaFridheim ■ c 1, S. 33
In diesem hölzernen Landschlößchen im imponierenden Schweizerstil von 1892 werden Trolle und andere Märchenfiguren ausgestellt.
Bei Noresund am Krøderensee (Rv 7)
Mitte Mai–Ende Sept. tgl. 10–17 Uhr, im Juli bis 18 Uhr
Eintritt 35 NOK, Kinder (ab 6 Jahren) 15 NOK

SPORT UND FREIZEITAKTIVITÄTEN

Angeln, Kanufahren, Wandern
– welchen Sport Sie auch favorisieren, beim Erleben der spektukalären Natur werden die meisten Urlauber vom Norwegenbazillus angesteckt.

Anglern stehen rund 200 000 Seen, Flüsse und Bäche zur Verfügung. Geradezu unbegrenzt ist auch das Angebot an Langlaufloipen und Wanderwegen. Auch abseits der beliebtesten Gebiete wie der Hardangervidda, Jotunheimen und Rondane kann man Touren von Gebirgshütte zu Gebirgshütte unternehmen.

Die besten Schneeverhältnisse sind im Februar und März und zu Ostern, wenn »halb« Norwegen ins Gebirge pilgert. Die Sommersaison ist kurz, ungefähr von Anfang Juni bis Ende August, nicht nur zum Wandern, sondern auch zum Kanu- und Wildwasserfahren, Segeln und Baden. Selten kann man mit Wassertemperaturen über 20 °C rechnen, nicht einmal entlang der Südküste, an Norwegens »Riviera«, mit unzähligen kleinen Buchten, idyllischen Stränden und nackten Felsen, die, sobald die Sonne hervorschaut, schnell von sonnenhungrigen Norwegern eingenommen werden. Noch ein Tip für alle, die nicht so leicht seekrank werden: eine Meeresangeltour mit dem Fischkutter.

Im Anglerparadies Norwegen gelten für Flüsse und Seen strenge Bestimmungen: Fangzeiten sind genau festgelegt; vor dem Einsatz muß das Gerät gereinigt werden, um Fischkrankheiten vorzubeugen.

Sport und Freizeitaktivitäten

Angeln

Norwegen ist ein Eldorado für Angler. Am bekanntesten ist Norwegens **Lachs**, der sich in rund 240 Lachsflüssen tummelt. Die Lachssaison dauert vom 1. Juni bis 15. September, doch am Anfang der Saison, wenn die dicksten Lachse die Flüsse aufwärts wandern, ist die beste Fangzeit. Am bekanntesten sind die Flüsse im Bereich der westnorwegischen Fjorde (Lærdalselv, Gaula), in Trøndelag (Stjørdalselven, Namsen) und Nordnorwegen (Målselv, Alta, Tana).

Norwegens Seen und Flüsse sind außerdem reich an **Forellen** und **Saiblingen**. Die Fangzeit beginnt nach der Schneeschmelze. Die besten Gewässer findet man oftmals oberhalb der Baumgrenze. Die Einheimischen geben gerne Tipps!

Beliebt ist auch das Angeln am Meer, entweder vom Boot aus mit der Rute oder Handschnur oder vom Land aus mit der Wurfschnur. Hier gibt es vor allem **Dorsch, Makrele, Köhler** und **Schellfisch**. Für das Angeln im Meer braucht man keinerlei Angelkarte oder Genehmigung. Für Seen und Flüsse muß man jedoch eine staatliche Angellizenz (**fiskeavgiftskort**) auf dem Postamt kaufen (180 NOK für Lachs und Forellen, Süßwasserangeln 90 NOK/Jahreskarte, 45 NOK/Woche). Auch benötigt man zumeist eine Angelkarte (**fiskekort**) für das Gebiet, in dem man angeln möchte. Verkauft werden diese Karten in Kiosken, Hotels oder Sportgeschäften, aber auch in Touristenbüros. Kinder unter 16 Jahren können gratis angeln. Wer Lachs angeln will, muß teilweise mit recht hohen Tagespreisen rechnen.

Golf

Golf findet in Norwegen immer mehr Anhänger. Die meisten Plätze liegen in Süd- und Ostnorwegen, u. a. bei Horten, Larvik, Arendal und am Bogstadvatnet in Oslo. Die Saison dauert von Mai bis September. Als Gast zahlt man 100 bis 200 NOK pro Tag.

Hundeschlittenfahren

Ein wirkliches Abenteuer sind die Fahrten auf der Finnmarksvidda bei Karasjok und Kautokeino. Auskünfte über andere Gebiete gibt:

Den norske Turistforening (DNT)
■ f 3, S. 39
Storgata 3, Postboks 7 Sentrum
0101 Oslo
Tel. 22 82 28 00, Fax 22 82 28 01

Karasjok Opplevelser ■ F 3
9730 Karasjok
Tel. 78 46 69 00, Fax 78 46 73 61

Kanu- und Kajakfahren

Viele der Flüsse und Seen in Norwegen eignen sich ausgezeichnet zum Kanu- oder Kajakfahren. Besonders beliebte Paddelgebiete sind die Seen Femunden und Isteren, der Telemarkkanal und die Seen und Flüsse Südnorwegens. Auch Wildwasserfahrer kommen in Norwegen voll auf ihre Kosten. Auskünfte, auch über den Verleih von Kanus, in den Touristenbüros oder bei:

Norges Padleforbund ■ c 1, S. 33
Hauger Skolevei 1
1351 Rud
Tel. 67 15 46 00, Fax 67 13 33 35

Angeln – Segeln

Radfahren

Norwegen ist zwar kein typisches Land für Fahrradfahrer, doch abseits der Hauptstraßen gibt es zahlreiche geeignete Strecken. Am meisten Kondition wird in Westnorwegen gefordert. Die beste Reisezeit ist Juni bis Ende August, doch Gebirgsstrecken können Anfang Juni noch geschlossen sein. Es lohnt sich, das eigene Rad mitzunehmen. Zur Ausrüstung sollten auch wasserdichte Taschen, Regenzeug, Gummistiefel, Ersatzschläuche, ein Ersatzreifen und eine Lampe für Tunnels gehören. Manche Tunnels sind für Radfahrer gesperrt.

Auskünfte und Tourenvorschläge:
Syklistenes Landsforening (Landesverband der Radfahrer) f3, S. 39
Storgata 23 c, Postboks 8883
Youngstorget, 0028 Oslo
Tel. 22 41 50 80, Fax 22 41 65 65

Die Fahrt mit dem Hundeschlitten, gezogen von einer Meute Huskies, gehört im hohen Norden zum festen Urlaubsprogramm.

Reiten

An vielen Orten gibt es Reitzentren. Teilweise kann man auch an Tages- oder Wochentouren auf dem Rücken eines Fjordpferdes teilnehmen. Ein Tip: Querfeldeintouren auf der Harangervidda. Weitere Auskünfte erhält man bei den Touristenbüros.

Segeln

Norwegens Küste ist ein Paradies für Segler. Besonders beliebt sind der Oslofjord und die Südküste. Die Westküste ist sehr zerklüftet und eignet sich daher nur für Geübte. Markiert wird überall nach dem IALAA-System.

Norges Seilforbund
Hauger Skolevei 1
1351 Rud
Tel. 67 15 46 00, Fax 67 13 84 56

Verkauf von offiziellen Seekarten:
Nordis Buch- und Landkartenhandel
Frohnkampstr. 18, 40789 Monheim
Tel. 02 17/35 56 65,
Fax 02 17/35 42 78

Sport und Freizeitaktivitäten

Skilaufen

Norwegen ist vor allem ein Land zum Skilanglaufen. Außer im Küstenbereich findet man eigentlich überall Loipen. Allein in Oslos Waldgebieten gibt es 2200 km gespurte Loipen, rund 200 davon mit Flutlicht. Im Gebirge und im Bereich der Hochflächen kann man stundenlang allein durch die weiße Schneelandschaft wandern. Will man eine Langlauftour im Gebirge unternehmen, sollte man jedoch trainiert und auf plötzliche Wetterstürze vorbereitet sein. Geführte mehrtägige Touren werden vom norwegischen Wanderverein veranstaltet (Adresse → Wandern und Bergsteigen).

Wer nach gigantischen Alpinskizentren mit kilometerlangen Abfahrten wie in den Alpen Ausschau hält, wird enttäuscht sein. Will man jedoch trotzdem alpin fahren, kann man dies beispielsweise gut in den Wintersportorten Geilo, Hemsedal, Oppdal und Trysil.

Sommerskilaufen

Wer sich auch im Sommer die Skier unter die Füße schnallen will, für den gibt es dazu in Norwegen Möglichkeiten. Beliebte Sommerskigebiete sind Galdhøpiggen, Folgefonngletscher und Strynsfjellet.

Folgefonn Sommerskisenter ■ B 10
Juni–Oktober, erreichbar von Jondal am Hardangerfjord
Tel. 53 66 80 28

Galdhøpiggen Sommerskisenter
■ C 9
Juni–Oktober, südlich von Lom
Tel. 61 21 17 50, Fax 61 21 21 72

Stryn Sommerskisenter
Mitte Mai–Mitte September, alter Sommerweg (Abzweigung Grotli) über das Gebirge Strynefjellet
Tel. 57 87 23 33

Die Landschaft Norwegens wird seit vielen tausend Jahren von der Urgewalt der Gletscher geprägt: Diese zu erwandern ist ein faszinierendes Erlebnis.

Strände

Norwegen hat trotz seiner nördlichen Lage auch für Badefreudige etwas zu bieten. Beinahe an jedem der geradezu unzähligen Seen Norwegens gibt es einen Badestrand. Tip: der Sandstrand am Südende des Femunden. Entlang der Südküste liegen unzählige kleine Badebuchten zwischen nackten Felsen und auf den vorgelagerten Schären. Besonders schöne Sandstrände: Sjøsanden bei Mandal, Orrestranden südlich von Stavanger und Tallakshamn bei Sandefjord.

Wandern und Bergsteigen

Eine Wanderung in der einsamen Gebirgswelt gehört für viele zu den schönsten Naturerlebnissen in Norwegen. Wer nicht gerade im Juli und August im Gebirge unterwegs ist, kann hier stundenlang ganz alleine sein. Es können Wanderungen in allen Schwierigkeitsgraden unternommen werden. Der norwegische Wanderverein **Den norske Turistforening (DNT)** besitzt über 300 Hütten, sowohl bewirtschaftete als auch Hütten für Selbstversorger. In Selbstversorgerhütten des DNT kostet die Übernachtung 100 NOK für Mitglieder und 150 NOK für Nicht-Mitglieder. Im Schlafsaal der bewirtschafteten Hütten kann man für 70 bzw. 130 NOK (Nicht-Mitglieder) übernachten, im 4–6-Bett-Zimmer für 100 bzw. 160 NOK und im 1–3-Bett-Zimmer für 145 bzw. 200 NOK. In Hütten lokaler DNT-Wandervereine können jedoch andere Preise gelten. Die Abstände zwischen den Hütten variieren zwischen zwei bis 13 Marschstunden. Der DNT organisiert auch **Wander- und Gletschertouren** und **Kletterkurse**.

Besonders für Familien geeignet sind das Rondanegebirge, die Hardangervidda und das Dovregebirge. Am meisten Herausforderungen findet man im Gebirge Jotunheimen. Die Felswand »Trollveggen« im Romsdal gilt als Norwegens anspruchsvollste Bergwand. Gletschertouren werden u. a. auf dem Folgefonna am Hardangerfjord, dem Hardangerjøkulen bei Finse, dem Briksdalsbreen bei Olden, dem Styggebreen im Jotunheimengebirge und am nordnorwegischen Svartisen veranstaltet.

Die Mitgliedschaft im DNT kostet 325 NOK pro Person, 125 NOK für jedes weitere Familienmitglied, Kinder unter zwölf Jahren sind in der Mitgliedschaft der Eltern inbegriffen, Jugendliche bis 25 Jahre 165 NOK. Beim DNT erhält man auch Kartenmaterial, Ausrüstungstips und Wandervorschläge

Den norske Turistforening (DNT)
■ f 3, S. 39

Storgata 3, Postboks 7 Sentrum
0101 Oslo
Tel. 22 82 28 00, Fax 22 82 28 01

Wildwasserfahren (Rafting)

Mutige können auf mehreren norwegischen Flüssen an Wildwasserfahrten im Schlauchboot teilnehmen. Am bekanntesten ist der Sjoafluß bei Vågåmo. Speziell: Hochsee-Rafting im Motorschlauchboot bei Henningsvær auf den Lofoten.

Norwegian Wildlife & Rafting
■ B 10

Randsverk, 2680 Vågå
Tel. 61 23 87 27, Fax 61 23 87 60

Feste und Festspiele

Musik- und Theaterfreunde kommen in Norwegen ebenso auf ihre Kosten wie Skifans, Segler und Marathonläufer – denn jede »Disziplin« feiert mindestens ein großes Fest pro Jahr.

Gleich in vier norwegischen Städten werden internationale Jazzfestivals veranstaltet: Ende März im westnorwegischen Voss, im Juli in Kongsberg und in Molde und im August in Oslo. Norwegens bekanntestes Musikspektakel findet jedoch in Bergen statt. Die internationalen Festspiele mit klassischer Musik, Folklore und Theatervorstellungen locken alljährlich Besucher aus dem In- und Ausland an. Auf dem Festspielprogramm stehen auch Leckerbissen für Freunde des Komponisten Edvard Grieg, der in Bergen zur Welt kam und hier lange lebte.

Der wichtigste Tag der Norweger ist aber ohne Zweifel der 17. Mai. An diesem Tag wird Norwegens Nationalfeiertag gefeiert. Überall in Norwegen ziehen dann fähnchenschwingende Kinder durch die Straßen. Wer an diesem Tag gerade in Oslo ist, sollte sich auf jeden Fall den großen Umzug anschauen. Etwas Besonderes ist auch das Osterfestival der Samen, das in beiden samischen Orten Kautokeino und Karasjok im nördlichsten Bezirk Finnmark veranstaltet wird. Es finden Gottesdienste, Konzerte und Rentierrennen statt.

Nur wer einen nordskandinavischen Winter miterlebt hat, wird so richtig die Bedeutung des Mittsommernachtsfestes verstehen können.

Feste und Festspiele

Januar
Nordlichtfestival
Kulturwoche im nordnorwegischen Tromsø zur Wiederbegrüßung der Sonne.

März
Holmenkollen-Skifestival
Einwöchiges Skispektakel am Holmenkollen in Oslo.

Ende März
Jazzfestival in Voss
Hier treffen sich Jazz-Größen aus der ganzen Welt.

Ostern
Einwöchiges **samisches** Fest in Kautokeino und Karasjok.

17. Mai
Nationalfeiertag
Großer Festtag zum Gedenken an die Verfassung von 1814.

Ende Mai
Internationale Bergenfestspiele
Eine Woche voller Kultur mit Konzerten und Theater in Bergen.

Juni
Færder-Seilas
Große Segelregatta (200 km) im Oslofjord mit dem norwegischen König als bekanntestem Teilnehmer.

Kalvøya Festival
Rock- und Popfestival auf der Insel Kalvøya.

Sommerkollenfestival
Klassisches Open-air-Konzert an der Holmenkollenschanze in Oslo.

23. Juni
Sankt Hansaften
Im ganzen Land wird das Mittsommernachtsfest gefeiert.

Mitte/Ende Juni
Kunstfestival in Svolvar/Lofoten.

Juli
Internationale Jazztage sowohl in Molde als auch Kongsberg.

Quart-Festival in Kristiansand mit Rock, Gospel, Blues und Avantgardemusik.

Anfang August
Norway-Cup, internationales Fußballturnier für Jugendliche in der Nähe des Ekeberg Camping/Oslo.

Internationales Holzbootfestival
(3 Tage) in der kleinen südnorwegischen Stadt Risør mit alten und neuen Holzbooten und -schiffen.

Mitte August
Internationales Kammermusikfestival in Stavanger. Besonders hörenswert sind die Konzerte in der Domkirche.

Internationales Volkstanzfestival in Ålesund.

Ende August
Open-air-Schauspiel in Stiklestad über den hl. Olav, Olsokfest in ganz Norwegen.

Ende August
Norwegische Filmfestspiele in Haugesund.

September
Halbmarathon und **Marathon** in Norwegens Hauptstadt.

10. Dezember
Verleihung des Friedensnobelpreises im Osloer Rathaus.

DER SÜDEN

Malerische kleine Städtchen
mit hübschen weißgestrichenen Holzhäuschen machen den Reiz Sørlandets aus.

Der Süden
Karte → S. 33

Im nach norwegischem Maßstab dicht bevölkerten Gebiet entlang des Oslofjordes und der Küste bis Kristiansand stößt man sowohl auf eine weltgewandte und urbane Offenheit in den Städten als auch auf Pietismus und traditionsbewahrenden Konservatismus in den kleinen Dörfern. Die Küste sorgt jedoch trotzdem für eine enge Zusammengehörigkeit. Auf Grund der Holzwirtschaft, Fischerei und Werftindustrie entstanden hier Orte wie in keinem anderen Teil des Landes. **Oslo** ist mit seinen Museen und seinem Restaurant- und Nachtleben ohne Zweifel eine Attraktion, doch die Küste entlang des **Oslofjordes** und das **Sørlandet** bis hinunter nach Kristiansand haben ebenfalls ihre Reize. Wie Perlen auf einer Schnur liegen hier kleine idyllische Städtchen mit weißgestrichenen Häusern. Für die Norweger bedeutet Sørlandet Sonne, Strände, Schären, Möwengeschrei und warme Sommerabende in idyllischer Umgebung.

Ein idyllischer Anblick: Brekkestø mit seinen weißen Schifferhäusern

Kristiansand

a4/b4

71 500 Einwohner

Kristiansand wurde im Jahr 1641 vom dänisch-norwegischen König Christian IV. im strengen Renaissancestil mit rechtwinklig angelegten Straßen auf der Westseite der Mündung der Otra angelegt. Unbescheiden wie er war, gab er der Stadt auch gleich seinen eigenen Namen. Die Stadt ist längst über die alte **Kvadraturen** hinausgewachsen. In den rechtwinkeligen Straßen liegt heute Kristiansands Handels- und Kulturzentrum. Am besten bummeln kann man in der Markensgate, Kristiansands bekanntester Einkaufsstraße.

Kristiansand ist heute die wichtigste Handels- und Industriestadt des Sørlandets. Wer auf der E 39 vom Westen stadteinwärts fährt, dem fällt vor allem das große Falconbridge Nickelwerk ins Auge. Aufgrund seiner Lage direkt an der Nordsee hat Kristiansand natürlich auch einen großen Hafen. Im westlichen Hafen ankern große Frachtschiffe, und mehrmals täglich legt hier die Autofähre vom dänischen Hirtshals an.

Steigen Sie auch hinauf zum Naturpark **Baneheia**. Bei klarem Wetter sieht man hier meilenweit über den zerklüfteten **Schärengürtel** und die Nordsee. Wer mit Kindern reist, sollte sich auch Zeit nehmen für einen Besuch im **Kristiansand Dyrepark** (→ Mit Kindern unterwegs, S. 22), Norwegens größtem Tiergarten, mit Spielland und der »Kardemommestadt«, beschrieben im Buch »Die Räuber von Kardemomme« des Kinderbuchautors Thorbjørn Egner. Der kurze Sommer wird in vollen Zügen genossen, entweder auf der Terrasse einer Hütte, in der abgeschiedenen Badebucht inmitten von blankgescheuerten Felsen oder an Bord des eigenen Bootes. Wenn einen dann doch einmal die Unternehmungslust packt, dann sollte man es sich nicht entgehen lassen, ein Stück mit einem der vielen Ausflugsschiffe an der Küste entlang zu fahren. Besonders hübsch sind die Inseln **Merdø** und **Ny Hellesund**, sehr zu empfehlen ist auch die Fahrt durch die enge Fahrrinne **Blindleia** zwischen dem kleinen, gemütlichen Sørlandsidyll Lillesand und Kristiansand.

Dorado für Maler

Die Südküste ist jedoch nicht nur ein Dorado für Touristen. Hier haben auch zahlreiche Künstler und Kunsthandwerker ihre Ateliers und Werkstätten, und bekannte norwegische Maler wie Edvard Munch, Theodor Kittelsen und Frits Thaulow wußten schon die besondere Atmosphäre der kleinen Küstenorte zu schätzen. Munch malte die »Mädchen auf der Brücke« im idyllischen Ferienort **Åsgårdstrand** bei Tønsberg, Thaulow war vor allem von den verwinkelten Gassen **Kragerøs** begeistert, und Kittelsen verewigte den Wassergeist Neck inmitten der verzauberten Trollandschaft auf der bekannten Insel **Jomfruland** vor Kragerø.

DER SÜDEN

Hotels

Comfort Hotel Skagerak
Zentrumshotel mit komfortablen Zimmern.
Henrik Wergelandsgate 4
Tel. 38 07 04 00, Fax 38 07 02 43
67 Zimmer
Mittlere/Obere Preisklasse (AE, DC, EC, Visa)

Kristiansand Vandrerhjem Tangen
Hier erhält man beides: Nähe zum Zentrum und gleichzeitig zur Natur. Zum Stadtstrand sind es nur 75 m, und gleich nebenan kann man am Fluß Otra Lachse fischen.
Skansen 8
Tel. 38 02 83 10, Fax 38 02 75 05
191 Betten
Untere Preisklasse

Spaziergang

Ausgangspunkt: Strandpromenade. Hier liegen links und rechts der **Christiansholm Festning** gleich mehrere Bootshäfen. Vorbei an Kjell Nupens moderner Fontäne im **Otterdalsparken** geht es südwestwärts in Richtung Sjølystveien und zum **Fischereihafen**. Rechts sehen Sie nun den großen **Fähr- und Verladehafen**. Gehen Sie ein Stück am Hafen entlang und biegen dann in die Gyldenløvesgate ein. Bald erreichen Sie die **Kristiansand domkirke** (1885) mitten in Kristiansands Fußgängerzone. Über die Kirkegate zurück zur Strandpromenade.

Sehenswertes

Oddernes kirke
Vermutlich ließ der Bezirksfürst Oddernes diese Steinkirche Mitte des 11. Jh. als seine Privatkapelle erbauen. Sie wurde im 17. Jh. um 8 m verlängert. Barockkanzel von 1704.
Mai–Aug. So–Fr 10–14 Uhr

Essen und Trinken

Bakgården
Hier wird vor allem mariniert und gedünstet. Alle Gerichte werden nach eigenen Rezepten des Kochs zubereitet.
Tollbugate 5
Tel. 38 02 99 55
Tgl. 18–23 Uhr
Obere Preisklasse (Visa)

Café Dronningen
Nettes, gemütliches Café, in dem frisches Gebäck aus der eigenen Bäckerei serviert wird.
Dronningensgate 5
Tel. 38 02 00 00
Mittlere Preisklasse (AE, EC, Visa)

Service

Auskunft
Destinasjon Sørlandet
Dronningensgate 2, Postboks 592
N-4601 Kristiansand.
Tel. 38 12 13 14, Fax 38 02 52 55
www.hotell.nextel.no/destinasjon-soerlandet

Ziele in der Umgebung

Flekkefjord B 11
8800 Einwohner

Die pittoresken Holzhäuser in Flekkefjords Stadtteil Hollenderbyen sind Zeugen des 18. Jh., als hier Holländer Holz ausführten. Sehenswert ist auch das kleine **Flekkefjorder Stadtmuseum** in einem der ältesten Patrizierhäuser des Städtchens.
Dr. Krafts gate 15
Mai–Aug. Di–Fr 12–14 und 16–18 Uhr, Sa/So 12–14 Uhr
Eintritt 5 NOK, Kinder 2 NOK

KRISTIANSAND – LILLESAND

Ibsenhuset ▪ b 4

Das kleine Ibsen- und Stadtmuseum im Küstenstädtchen **Grimstad** ist für Kenner des Dichters Henrik Ibsen (1828–1906) eine wahre Fundgrube.
Anfahrt: 51 km nordöstlich von Kristiansand (E 18)
Henrik Ibsens gate 14
Mai–Sept. Mo–Sa 11–17,
So ab 13 Uhr

Lillesand ▪ b 4
8800 Einwohner

In dieser Sørlandsstadt mit 200 Jahre alten Patrizierhäusern blühen unzählige Rosen und Geranien. Ein Erlebnis ist die Fahrt mit »MS Øya« durch die **Blindleia**, eine idyllische Fahrrinne durch den Schärengürtel, nach Kristiansand.

DER SÜDEN

SEHENSWERTE ORTE UND AUSFLUGSZIELE

Lindesnes fyr ■ a 4

Norwegens ältester Leuchtturm von 1655 steht am südlichsten Zipfel Norwegens (57° 58' 43" nördlicher Breite). Von hier sind es 2518 km bis zum Nordkap. Weite Aussicht vom Turm.
Anfahrt: 27 km südwestlich von Vigeland (Rv 460)

Lyngør ■ b 4
100 Einwohner

Mitte des letzten Jahrhunderts spielte dieser kleine autofreie Ort, der auf vier Inseln liegt, eine wichtige Rolle als Hafen für Segelschiffe, die Schutz vor Sturm im Skagerrak suchten. In jener Zeit entstanden auch die staatlichen, im Empire- und Schweizer Stil gebauten weißen Holzhäuser. 1990 wurde Lyngør mit Recht zu »Europas am besten erhaltenem Dorf« ernannt. In Lyngør gibt es auch noch eine alte Segelmacherwerkstatt.
Anfahrt: Rv 411 bis Gjeving (schmale Straße), Bootsüberfahrt

Mandal ■ a 4
13 300 Einwohner

Allein schon wegen des 900 m langen Sandstrandes **Sjøsanden** lohnt sich ein Besuch von Norwegens südlichster Stadt. In den engen Gassen zwischen weißen Holzhäusern und kleinen Gärtchen findet man unzählige Fotomotive. Die Herrenhäuser **Skrivergården** (1766), heute ein Teil des Rathauses, und **Andorsengården** (1801–1805), mit Stadtmuseum, sind Zeugen aus Mandals Blütezeit. Sehenswert: die Mandaler **Kirche** (1821).

Merdø ■ b 4

Bereits im 16. Jh. war die kleine Insel bei Arendal auf holländischen Karten eingezeichnet. Im Seemannshaus (von 1736) von Zacharias Allevelt – heute **Merdøgaard Museum** – ist alles noch wie zu Lebzeiten des Kapitäns eingerichtet.
Anfahrt: Linienschiff von Arendal (Erwachsene 15 NOK, Kinder 10 NOK)
Merdøgaard Museum
Mitte Juni–Mitte Aug. tgl.
12–16.30 Uhr
Eintritt 10 NOK, Kinder 5 NOK

Risør ■ b 3
7000 Einwohner

In diese kleine »weiße Stadt am Skagerrak« mit ihren restaurierten weißgestrichenen Holzhäusern rund um den pittoresken Hafen und mit dem markanten weißgekalkten **Risørflekken**, einem Seezeichen aus dem 17. Jh., muß man sich ganz einfach verlieben. Auf einer Bank am Hafen, in dem Anfang August Norwegens bekanntestes **Holzbootfestival** stattfindet, kann man dem bunten Treiben der Boote zuschauen oder in der **Galleri Villin** (Kragsgate 3 mit eigenem Café) und bei **Acanthus** (Strandgate) originelles Kunsthandwerk ersehen. Besuchen Sie auch die barocke **Heilige Ånds Kirke** (1647), auf deren Altartafel eine Kopie des »Heiligen Abendmahls« von Rubens abgebildet ist.
Anfahrt: ca. 54 km nordöstlich von Arendal (E 18/Rv 416)

TOPTEN 9

Essen und Trinken ☒

Spisestedet Buene
In diesem originellen Restaurant in einem Holzgebäude von 1862 steht ein alter russischer Backofen,

im dem die Wirtin Rezepte ihrer
russischen Mutter verwirklicht.
Mit Galerie.
Solsiden 22
Tel. 37 15 30 77
Mitte Juni–Mitte Aug. tgl 11–24
Uhr, sonst Sa und So 12–18 Uhr
Mittlere Preisklasse (Visa)

Setesdal ■ a2/a3

Der wilde Fluß Otra zwischen mächtigen Bergrücken, dunkle Wälder, kleine Gewässer und der idyllische langgestreckte See **Byglandsfjorden**, hübsche Dörfer mit weißen Dorfkirchen, alten Bauernhöfen, Silberschmieden und reichen Kulturschätzen, schließlich der Wintersportort **Hovden** mitten im Gebirge – all dies gehört zum Setesdal, der Nordsüdverbindung entlang des Rv 9 zwischen Kristiansand und Haukeligrend südlich der Hochfläche **Hardangervidda**. Ein Tip für Steinesammler: Im **Setesdal Mineralpark** in Hornnes im Süden des Setesdal kann man eine Mineralien- und Kristallsammlung bewundern, und auf dem Mineralienpfad in Evje kann man in mehreren Gruben auf Steinsuche gehen. Mitten im Setesdal liegt **Nomeland**, in dem auf dem Hof Sylvartun schöner Trachtenschmuck hergestellt und alte Hardangerfiedeln ausgestellt werden. Jeden Sommer Kunsthandwerksausstellung.
Wandertip: ein- bis zweitägige Wanderung um den 1195 m hohen **Galten** von Hovden über die Hütte Tjønnbrotbu nach Bjåen (Rv 9)

Hotels/andere Unterkünfte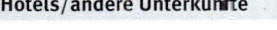

Bergtun Hotell ■ a3
Traditionsreiches, altes Hotel.
Valle
Tel. 37 93 77 20, Fax 37 93 77 15
9 Zimmer
Mittlere Preisklasse (Visa)

Hovdestøylen Hotell og Hyttetun
■ a2
Ausgezeichnetes Sporthotel mit Familienzimmern, 26 Hütten.
Hovden
Tel. 37 93 95 52, Fax 37 93 96 55
41 Zimmer
Obere Preisklasse (AE, EC, Visa)

Setesdalsbanen ■ a4

Die Lokomotive der Schmalspurbahn wurde bereits 1894 eingesetzt. Vom Bahnhof Grovane bei Vennesla startet eine 45minütige Fahrt.
Anfahrt: 20 km nördlich von Kristiansand (Rv 405)
Mitte Juni–Ende Aug. So 11.30, 14 Uhr, Juli auch Di–Fr 18 Uhr
www.setesdalsbanen.no
Fahrkarte 50 NOK, Kinder 25 NOK

Tyholmen i Arendal
39 200 Einwohner ■ b4

Fotografen kommen in den engen, pittoresken Gassen von Arendals Altstadt **Tyholmen** voll auf ihre Kosten. In den alten Barock-, Empire- und Biedermeierhäusern, die in ihrer vollen Pracht Seite an Seite stehen, liegen mehrere Galerien und Kunsthandwerksläden. Am Hafen thront das Arendaler **Rathaus**, ein klassizistischer Prachtbau, entstanden 1812 bis 1815 (geöffnet Mo–Fr 8–15 Uhr).

Hotel

Clarion Tyholmen Hotel
Von diesem gepflegten Hotel kann man die Boote bei der Einfahrt in den Hafen beobachten. Intimes Restaurant und eigene Tanzbar.
Teaterplassen 2
Tel. 37 02 68 00, Fax 37 02 68 01
60 Zimmer
Obere Preisklasse (AE, EC, Visa)

Oslo

D 10

503 000 Einwohner
Stadtplan → S. 38/39

Oslo bietet alles, was man von einer modernen Stadt erwarten kann, obwohl die Einwohnerzahl im Vergleich zu anderen Großstädten eher bescheiden ist. Außerdem hat kaum eine Großstadt so viel Wald, mit geradezu unzähligen Wanderwegen und Loipen, und so viele Seen innerhalb ihrer Grenzen. Da mag es auch nicht mehr verwundern, daß Oslos geographisches Zentrum eigentlich mitten im Wald einige Kilometer nördlich der markanten Holmenkollenschanze liegt.

Stadt zwischen Wald und Wasser

Doch sind die Osloer nicht nur mit einzigartigen weitläufigen Wäldern gesegnet. Im Süden der Metropole liegt auch noch der **Oslofjord**, auf dem es im Sommer von Surfern und Seglern wimmelt. Die Einfahrt auf diesem idyllischen **Fjord** ist ein Erlebnis für sich. Doch die wenigsten Besucher kommen wegen der einzigartigen Natur, und viele bleiben oft nur ein, zwei Nächte, schauen sich schnell das bekannte **Wikingerschiffsmuseum**, die **Holmenkollenschanze** und den gigantischen **Vigelandspark** mit Gustav Vigelands zahlreichen Skulpturen an und hasten dann weiter.

Oslo hat jedoch eigentlich mehr verdient, nicht nur wegen seiner zahlreichen Museen und Sehenswürdigkeiten. Klettern Sie hinauf auf die Wälle der **Akershus festning**. Von dort oben erhält man eine gute Übersicht über den Hafen und die supermoderne **Aker Brygge**, Oslos beliebtestes Einkaufs-, Restaurant- und Kneipenviertel, das rund um die ehemalige Aker Werft errichtet wurde. Am Kai liegen Ausflugs-, Fischer- und Restaurantboote, auf denen bei schönem Wetter selten ein freier Tisch zu ergattern ist. Oder wie wär's mit frischen Garnelen direkt von einem der Boote am Hafen vor Oslos backsteinernem **Rathaus**, in dem man sich übrigens recht bizarre Wandgemälde anschauen kann. Nördlich der Festung im Bereich der Rådhusgata stößt man auf Oslos älteste Steingebäude, die Christian IV. nach einem Großbrand im Jahr 1624 errichten ließ. Er ließ die Stadt außerdem in Christiania umtaufen, einen Namen, den sie bis 1925 beibehielt.

Der Sommer ist kurz, daher wird er in vollen Zügen genossen. Das merkt man auch deutlich auf der **Karl Johans gate**, Oslos bekanntester Straße. Hier spielen Musiker und unterhalten Gaukler, fliegende Händler bieten ihre Waren feil, und in den Straßencafés trifft sich die Jugend. Das Nachtleben floriert, doch nicht nur das: Oslo hat auch mehrere ausgezeichnete Restaurants und vor allem ein wunderschönes **Konzerthaus** und ein **Nationaltheater**.

Die Karl Johans gate führt vom Bahnhof direkt zum Schloß: Im Sommer ist sie Oslos Flanier- und Einkaufsboulevard.

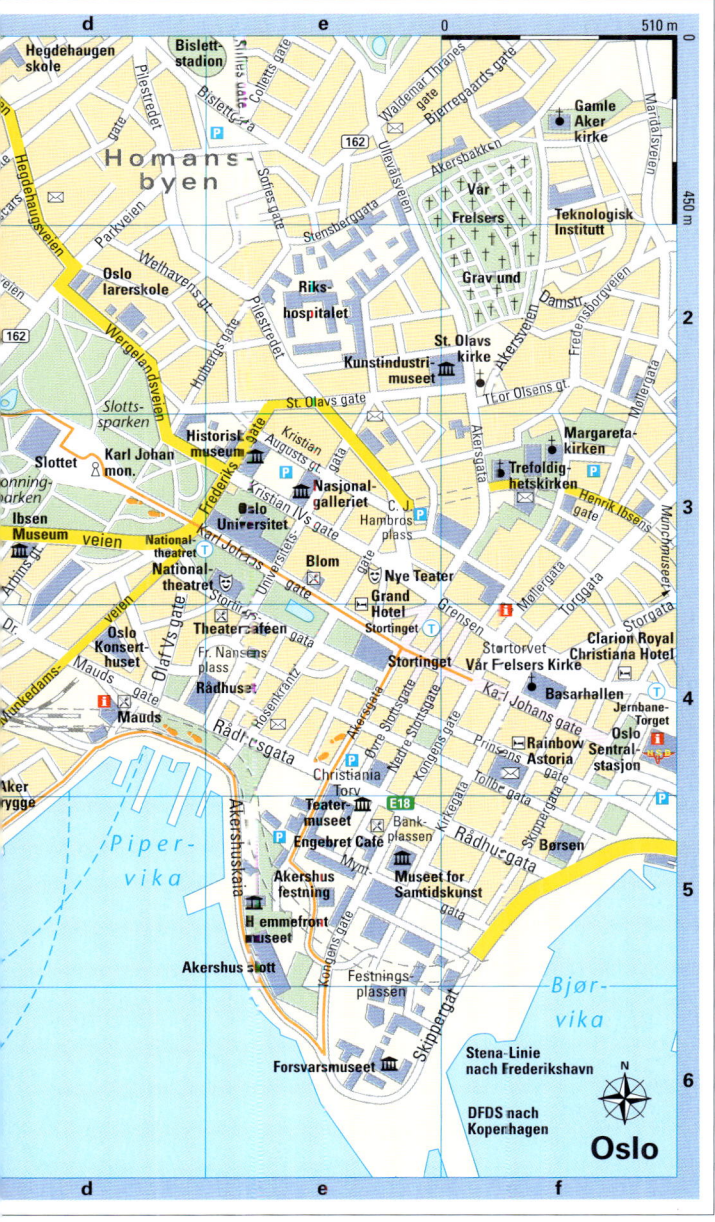

Hotels/andere Unterkünfte

Clarion Royal Christiania Hotel ■ f 4
Supermodernes First-class-Hotel mit siebenstöckigem Atrium.
Biskop Gunnerus gate 3
Tel. 23 10 80 00, Fax 23 10 80 80
451 Zimmer, davon 60 Suiten
Luxusklasse (AE, DC, EC, Visa)

Gabelshus Hotell ■ b 3
Die Besitzerin dieses im klassischen englischen Stil eingerichteten Hotels von 1921 erhielt 1993 den norwegischen Gastgeberpreis.
Gabelsgate 16
Tel. 23 27 65 00, Fax 23 27 65 60
45 Zimmer
Obere Preisklasse (AE, DC, EC, Visa)

Grand Hotel ■ e 4
In den Suiten des alten, ehrwürdigen Hotels an der Karl Johans gate haben schon allerhand Staatsoberhäupter, Künstler und Friedensnobelpreisträger übernachtet.
Karl Johans gate 31
Tel. 22 42 93 90, Fax 22 42 12 25
289 Zimmer, davon 49 Suiten
Luxusklasse (AE, DC, EC, Visa)

Oslo Vandrerhjem Haraldsheim
Modernisierte Jugendherberge im Norden der Stadt.
Haraldsheimveien 4
Tel. 22 22 29 65, Fax 22 22 10 25
70 Zimmer (270 Betten)
Untere Preisklasse (Visa)

Rainbow Hotell Astoria ■ f 4
Gemütliches Bed-&-Breakfast-Hotel gleich bei der Karl Johans gate.
Dronningensgate 21
Tel. 22 42 00 10, Fax 22 42 57 65
132 Zimmer
Mittlere Preisklasse (AE, EC, Visa)

Reenskaug Hotel ■ c 2, S. 33
Kleines Hotel am Fjord im idyllischen Küstenstädtchen Drøbak 40 Kilometer südlich von Oslo.
Storgaten 32, 1440 Drøbak
23 Zimmer, 1 Wohnung
Mittlere Preisklasse
Tel. 64 93 33 60 Fax 64 93 36 66

Bogstad Camp & Turistsenter
Ländliche Lage am Bogstadvannet mit Hütten in verschiedenen Preisklassen (ca. 500–800 NOK/Tag).
Ankerveien 117
Tel. 22 51 08 00, Fax 22 51 08 50
Untere/Mittlere Preisklasse (AE, EC, Visa)

Spaziergang

Von der **Karl Johans gate** geht es hinauf zum **Schloß** (Wachablösung: 13.30 Uhr) und durch den Schloßpark zum Parkveien mit Prachtbauten aus dem 19. Jh. Biegen Sie links in den Parkveien. An der Ecke zum Drammensveien liegt das **Nobelinstitutt**. Über den Løkkeveien und die Huitfeldtsgate kommt man zum Hafen und zur **Aker Brygge** mit Oslos modernstem Wohn-, Laden- und Restaurantangebot.

Gehen Sie in Richtung **Rathaus** und folgen dann dem Akershuskai unterhalb der **Akershus festning** von 1300, die im 17. Jh. nach einem Stadtbrand zum Renaissanceschloß umgebaut wurde und in deren Bereich heute auch das Norwegische Widerstandsmuseum liegt, bis zur Kongensgate. Nach einem Abstecher hinauf auf die Wälle kommt man über den Nordausgang zur Akersgata und vorbei am **Stortinget**, dem norwegischen Parlament, zurück zur Karl Johans gate.

Sehenswertes

Gamle Aker kirke ■ f 1
Wer Glück hat, kann die gute Akustik dieser dreischiffigen Basilika von 1080 – Oslos ältestes bestehendes Gebäude – bei einem Konzert erleben. Gleich gegenüber liegt **Vår frelsers gravlund**, Oslos schönster Friedhof mit Gräbern von zahlreichen norwegischen Schriftstellern und Künstlern, so von Henrik Ibsen, Bjørnstjerne Bjørnson und Edvard Munch.
Akersveien 25
Mo–Sa 12–14 Uhr, So geschl.

Holmenkollbakken
Vom 60 m hohen Schanzenturm hat man einen schönen Blick. Im Ski-Simulator neben der Schanze kann man den Nervenkitzel eines Sprunges erleben. Spannendes Skimuseum am Turm.
Kongeveien 5
Anlage ganzjährig zugänglich.
Skimuseum und Turm:
Mai und Sept. 10–17 Uhr, Juni–Aug. 9–20 Uhr, ansonsten ca. 10–16 Uhr
Eintritt Turm und Skimuseum
60 NOK, Kinder 30 NOK, Familie
120 NOK
Ski-Simulator 40 NOK,
Kinder 30 NOK

Rådhuset ■ d 4/c 4
Die Wandgemälde im Erdgeschoß und ersten Stock des Rathauses zeigen Norwegens Kultur und Geschichte. Drastisch ist die Darstellung der deutschen Besetzung im Zweiten Weltkrieg.
Mai–Aug. Mo–Sa 9–17 Uhr, So 12–17 Uhr, sonst 9–16 Uhr, So 12–16 Uhr.
Führungen 10, 12, 14 Uhr (Mo–Fr)
Eintritt 20 NOK, Kinder 10 NOK

Vigelandsparken
Gustav Vigeland (1869–1943) hat mit seinen 200 über den ganzen Park verteilten Granit- und Bronzeskulpturen und dem 17 m hohen, aus einem Granitblock gehauenen Monolithen mit 121 in sich verwobenen Figuren ein gigantisches Werk geschaffen. Rund um den Monolithen sind weitere Skulpturengruppen aus Granit aufgebaut, die von der Geburt, der Jugend, dem Alter und dem Tod erzählen. Mitten im Park steht ein Brunnen mit Bronzefiguren, die den Kreislauf des Lebens darstellen. Bekanntestes Fotomotiv: **Sinnataggen** (Trotzkopf) auf der Brücke.
Ganzjährig rund um die Uhr geöffnet
Freier Eintritt

In einem wahren Arbeitsrausch hat der Bildhauer Gustav Vigeland diesen monumentalen Skulpturenpark geschaffen.

Museen

Emanuel Vigelands Museum
Eigenartigstes Museum Oslos! Emanuel Vigeland (1875–1948), Bruder des bekannten Bildhauers Gustav Vigeland, baute hier für seine al fresco »Vita« mit nackten Menschenfiguren ein mausoleumähnliches Museum. Besonderheit: Laute hallen viele Male wider und werden zu einem brausenden Getöse.
Grimelundsveien 8 (Holmenkollbanen bis Vinderen)
Im Sommer So 12–16 Uhr
Eintritt 20 NOK, Kinder 10 NOK

Folkemuseet
Mit 140 Gebäuden aus allen Landesteilen Norwegens. Besonders sehenswert ist Alt-Oslo mit Wohnhäusern aus dem 18. und 19. Jh., die Gol Stabkirche von 1200, die samische Sammlung.
Auf Bygdøy, Museumsveien 10
Mitte Juni–Aug. tgl. 9–18 Uhr, sonst mind. 11–15 Uhr, So 11–16 Uhr
Eintritt 50 NOK, Kinder 10 NOK

Fram Polarskipet ■ a 6
Sowohl Fridtjof Nansen als auch Roald Amundsen haben dieses Polarschiff von 1892 bei ihren Polarexpeditionen benützt.
Bygdøynes
Mitte Juni–Aug. tgl. 9–18.45 Uhr, Mai und Sept. tgl. 10–16.45 Uhr, sonst ca. 11–14.45 Uhr, Jan.–Feb. geschl.
Eintritt 20 NOK, Kinder 10 NOK

Ibsen Museum ■ d 3
Die Wohnung, in der der Dichter Henrik Ibsen (1828–1906) von 1885 bis zu seinem Tod lebte, wurde originalgetreu rekonstruiert.
Arbins gate 1 (südlich des Schlosses)
Di–So 12–15 Uhr
Besichtigung stündlich mit Führer
Eintritt 30 NOK, Kinder 10 NOK

Kon-Tiki Museet ■ a 6
Spannendes Museum über Thor Heyerdahls Expeditionen, mit u. a. Kon-Tiki-Floß (1947) und Schilfboot Ra II (1970).
Bygdøynes
Juni–Aug. tgl. 9.30–17.45 Uhr, sonst tgl. 10.30–16 Uhr
Eintritt 30 NOK, Kinder 10 NOK

Munchmuseet
Größte Ausstellung der Werke des Expressionisten Edvard Munch (1863–1944), der sein Leben »mit dem Pinsel schrieb«. Besonders bekannte Bilder: »Der Schrei«, »Madonna«, »Angst« und »Eifersucht«.
Tøyengata 53
Ganzjährig tgl. 10–18 Uhr, Führung in Englisch Juli–Aug. Do 13 Uhr
Eintritt 40 NOK, Kinder 15 NOK

Nasjonalgalleriet ■ e 3
Norwegens größte Kunstsammlung. Sehenswert sind hier vor allem Norwegens Nationalromantiker und der Munch-Saal.
Universitetsgata 13
Mo, Mi, Fr 10–18 Uhr, Do 10–20 Uhr, Sa 10–16, So 11–16 Uhr, Di geschl.
Im Juli audiovisuelles Programm auf Deutsch
Eintritt frei

Vikingskiphuset
In dieser imponierenden Wikingerschiffausstellung steht auch das 21,5 m lange Osebergschiff, in dem um 850 die Königin Åsa mit ihrer Magd begraben wurde. Bei den Ausgrabungen bei Tønsberg fand man auch einen vierrädrigen Wagen. Zu besichtigen sind auch die Reste des Gokstadschiffes und Tuneschiffes aus dem 9. Jh.
Huk Aveny 35, Bygdøy
Mai–Aug. tgl. 9–18 Uhr, Sept. tgl. 11–17 Uhr, April und Okt. tgl. 11–16 Uhr, sonst tgl. 11–15 Uhr
Eintritt 30 NOK, Kinder 10 NOK

Essen und Trinken

Bagatelle
c 3

Meisterkoch Eyvind Hellstrøm hat mit Recht zwei Sterne im Guide Michelin verdient. Seine Wild- und vor allem seine Fischgerichte zergehen auf der Zunge.
Bygdøy allé 3
Tel. 22 12 14 40
Mo–Sa 18–23.30 Uhr, So geschl.
Luxusklasse (AE, DC, EC, Visa)

Blom
e 3

Traditionsreiches Künstlerrestaurant mit guter norwegischer Küche und Kunst an allen Wänden.
Paléet/Karl Johans gate 41
Tel. 23 13 95 00
Mo–Fr 11–14.30 und 17–24 Uhr, Sa 15–24 Uhr, So geschl.
Obere Preisklasse (AE, DC EC, Visa))

Engebret Café
e 5

Altes Café und Restaurant von 1857 mit viel Plüsch. Im Sommer auch Tische im Freien.
Bankplassen 1
Tel. 22 82 25 25
Mo–Fr 11–23 Uhr, Sa ab 12 Uhr, So geschl.
Mittlere/Obere Preisklasse (AE, DC, EC, Visa)

Frognerseteren

Im Café »Seterkjøkken«, unterhalb des Tryvannsturms (437 m), gibt's Oslos besten Apfelkuchen und deftige Hausmannskost. Wer richtig gut essen möchte, kann sich im Gourmet-Restaurant »Finstua« verwöhnen lassen. Tolle Aussicht!
Tel. 22 14 05 50
Café Mo–Sa 11–22.30 Uhr, So 11–20.30 Uhr
Finstua 11.30–14 Uhr (Lunch) 16–22.30 Uhr (Middag)
Mittlere Preisklasse/Luxusklasse (EC, Visa)

Mittelpunkt des Wikingermuseums ist das ca. 1200 Jahre alte Osebergschiff.

DER SÜDEN

SEHENSWERTE ORTE UND AUSFLUGSZIELE

Grand Café ▇ e 4
Hier saßen schon Ibsen, Bjørnson und viele andere bekannte Künstler. Verewigt sind sie alle auf einem großen Gemälde im Inneren des Restaurants, in dem man schon für unter 100 NOK essen kann.
Im Grand Hotel
Karl Johans gate 31
Tel. 22 42 93 90
Untere/Mittlere Preisklasse (AE, DC, EC, Visa)

Mauds ▇ d 4
Phantastische Elchgerichte.
Brynjulf Bulls plass 1
Tel. 22 83 72 28
Mittlere Preisklasse (AE, DC, EC, Visa)

Theatercaféen ▇ e 4
In diesem alten »Kaffeehaus« im Jugendstil treffen sich Schauspieler, Künstler und die Finanzwelt. Traditionsreiche Küche.
Stortingsgata 24–26
Tel. 22 82 40 50
Mo–Sa 11–23 Uhr, So 15–22 Uhr
Mittlere Preisklasse (AE, EC, Visa)

Einkaufen

Aker Brygge ▇ d 4/d 5
In die ehemaligen Werftgebäude direkt am Hafen sind zahlreiche Geschäfte eingezogen.
Pause macht man in einem der vielen Cafés.

GlasMagasinet ▇ f 4
Traditionsreiches Warenhaus mit großer Glasabteilung.
Stortorvet 9

Husfliden ▇ f 4/f 3
Norwegische Stricksachen und Touristenartikel.
Møllergata 4

Am Abend

Aker Brygge ▇ d 4/d 5
In den ehemaligen Werftgebäuden und neuen Glaspalästen findet man alles: Restaurants, Kneipen, Bars, Theater und Kino. Bei schönem Wetter trinkt man sein Bier auf einem der Restaurantschiffe am Kai. Vor den beliebtesten Lokalen bilden sich schnell Warteschlangen.

Café The Broker
Gemütliche Kneipe mit Stuckverzierungen und Spiegelwänden.
Bogstadveien 27
Mo–Sa 11-1 Uhr, So 12-0.30 Uhr

Clodion Art Café ▇ a 2
Gemütliche Westkantkneipe mit gutem Service.
Bygdøy allé 63
Tgl. 10–1 Uhr

Kino
In allen Kinos werden die Filme in Originalfassung mit norwegischen Untertiteln gezeigt. Die neuesten Filme sind im Klingenberg, Saga und Filmteatret direkt im Zentrum zu sehen.
Kinoprogramm in den Zeitungen Aftenposten, VG, Dagbladet.
Kinokarte 60 NOK

Nationaltheatret ▇ d 3
Im Rokokosaal dieses 1899 eröffneten Theaters werden oft Henrik Ibsens Stücke aufgeführt. Porträtsammlung.
Stortingsgata 15
Tel. 22 41 27 10

Oslo Konserthuset ▇ d 4
Hier ist das Oslo Filharmonske Orkester zu Hause. Konzertsaal mit phantastischer Akustik.
Munkedamsveien 14
Tel. 23 11 31 11

OSLO

Summit 21 ◼ e 2
Aussichtsbar im 21. Stockwerk des Osloer SAS Hotels.
Holbergsgate 30
So–Do 11.30–0.30 Uhr,
Fr und Sa 11.30–3 Uhr

Service

Auskunft

Norges Informasjonssenter ◼ d 4
Brynjulf Bulls plass 1, 0250 Oslo
Tel. 22 83 00 50, Fax 22 83 81 50
Mai und Sept. Mo–Sa 9–16 Uhr,
Juli–Aug. tgl. 9–19 Uhr,
sonst Mo–Fr 9–16 Uhr
www.oslopro.ro

Oslo Sentralstasjon ◼ f 4
Jernbanetorget 2, 0154 Oslo
Service nur bei persönlichem Kontakt
Mai–Sept. tgl. 8–23 Uhr, sonst
Mo–Mi 8–23 Uhr, Do–So 8–15 Uhr
und 16.30–23 Uhr

Oslokortet und Oslopaket

Oslokortet: freier Eintritt in Museen, gratis Parken, kostenloser öffentlicher Transport in und um Oslo. Ermäßigungen u. a. bei Stadtrundfahrten, in Kinos und bei Eisenbahnfahrten. Erhältlich u. a. in Hotels, Touristenbüros, Narvesen-Kiosken.
Erwachsene/Kinder: 1 Tag 150/50 NOK, 2 Tage 220/60 NOK,
3 Tage 250/70 NOK
Oslopaket: Übernachtung ab 590 NOK für eine Person im DZ; Oslokortet inbegriffen.

Stadt- und Fjordrundfahrten

Abfahrt meist beim Rathaus.
Klassische dreistündige Busrundfahrt: ganzjährig tgl. 10 Uhr ab Rådhusbrygge 3. Sommer auch 13.30 u. 17.30 Uhr
225 NOK, Kinder 110 NOK

Öffentliche Verkehrsmittel

Einzelfahrschein im Stadtbereich:
20/10 NOK (Kind), »Flexikort« mit
8 Fahrten 115/55 NOK.
Tageskarte 40/20 NOK.

Im Nationaltheater schlägt das kulturelle Herz Oslos. Es wurde 1899 eingeweiht und ist alle zwei Jahre Schauplatz des Ibsen-Festivals.

DER SÜDEN

Ziele in der Umgebung

Blaafarveværket
■ c 2, S. 33

Ein Tag reicht kaum aus, um die **Modumer Kobaltgruben** und die Ausstellungen in den restaurierten Gebäuden des ehemaligen Blauwerkes (1773) am Haugfossen zu besichtigen. Im 19. Jh. wurden hier 80 Prozent der in der Welt verwendeten kobaltblauen Porzellan- und Glasfarbe hergestellt. Große Sommerausstellung von Werken bekannter skandinavischer Künstler, Ausstellung von kobaltblauem Porzellan und Glas sowie den Bildern des Trollmalers Theodor Kittelsen.
Anfahrt: 15/23 km nördlich von Hokksund (Rv 35/287)
Blaufärbewerk: Ende Mai–Sept. 10–17, Juli–Mitte Aug. bis 18 Uhr.
Gruben mit Kittelsenausstellung: Ende Mai–Ende Aug. 12–18 Uhr, ab Mitte Aug. Mo geschl.
Eintritt für alle Ausstellungen und Gruben 110 NOK, Gruben 40 NOK, Kinder bis 15 Jahre frei
Deutsche Homepage: www.blaa.no

Eidsvoll verk
■ D 9

Im Reichssaal des Herrenhauses von 1800 wurde am 17. Mai 1814 das norwegische Grundgesetz verabschiedet. Heute ist diese stilvolle Villa Nationalheiligtum.
Anfahrt: 60 km nördlich von Oslo
Mitte Juni–Mitte Aug. 10–17 Uhr,
Mai–Sept. 10–15 Uhr,
sonst 12–14 Uhr
Eintritt 2 NOK, Kinder 1 NOK

Fredrikstad
■ c 3, S. 33
67 500 Einwohner

Diese nette Stadt liegt an der Mündung der 598 km langen Glomma. Die **Gamlebyen** (Altstadt) aus dem 16. Jh. ist Norwegens am besten erhaltene Festungsstadt. In den alten Empirehäusern liegen Galerien und das stadthistorische **Fredrikstad Museum**.
Fredrikstad Museum
Mitte Juni–Aug. 12–17 Uhr, sonst April–Okt. Sa und So 12–17 Uhr
Eintritt 30 NOK, Kinder 10 NOK

MERIAN-TIP

Gutes Essen muß nicht teuer sein, vor allem wenn man sich abseits des Touristenrummels umsieht. In den östlichen Stadtteilen Oslos gibt es kleine Restaurants und Cafés, in denen man für unter 100 Kronen eine warme Mahlzeit bestellen kann: **Café 33 Selius Corner** (Thv Meyersgate 33, Tel. 22 38 55 15), Treffpunkt der jungen Bewohner des »internationalen« Stadtteils Grünerløkka mit seinen zahlreichen Kneipen und ausländischen Läden, **Café Asylet** (Grønland 28, Tel. 22 17 09 39) und die vor allem bei jungen Leuten beliebte Kneipe **Noahs Ark** (Thv. Meyersgate 23, Tel. 22 37 69 54) mit leckeren Gerichten vom Kohlengrill.
östlich ■ f 3, S. 39

Tønsberg

c 3, S. 33

34 500 Einwohner

Tønsberg, das 871 strategisch an der Mündung des Oslofjordes angelegt wurde, ist Norwegens älteste Stadt. Im Zentrum wimmelt es von historischen Denkmälern aus dem Mittelalter. Auf dem **Slottsfjellet** liegt eine der größten Ruinenparkanlagen Nordeuropas. In der Storgata wurden die Ruinen der **Olavskirken**, einstmals Nordeuropas größte Rundkirche, und in der Nedre Langgata direkt am Byfjorden die Ruinen des **Kongsgård** (13. Jahrhundert), der königlichen Residenz von Håkon Håkonsson, ausgegraben. Auf **Møllebakken** mitten im Zentrum befand sich in der Wikingerzeit außerdem ein bedeutender Thingplatz, auf dem insgesamt 17 Königen gehuldigt wurde. All dies ist schön für Touristen, aber gleichzeitig auch ein Problem für Tønsbergs Stadtentwicklung. Baugenehmigungen werden erst nach oft jahrelangen Untersuchungen erteilt oder gar nicht, wenn eines der archäologisch interessanten Gebiete berührt wird.

Heute ziehen diese hübsche Schiffahrtsstadt und die idyllischen Inseln **Tjøme** und **Nøtterøy** südlich von Tønsberg vor allem Norwegens High-Society an. In den Sommerferien ist im Hafen kaum ein freier Bootsplatz aufzutreiben, und sobald die Sonne scheint, sind die Gartenwirtschaften proppenvoll. Einige Besucher kommen auch eigens wegen Tønsbergs bekannter Sommerrevue im Hotel Klubben.

Wer mit dem Schiff anreist, passiert die reizvolle Einfahrt in den Oslofjord.

Der Süden

Hotel/andere Unterkunft

Rica Klubben Hotel
Erstes Hotel am Platz. Zimmer mit Blick auf den Hafen.
Nedre Langgate 49
Tel. 33 35 97 00, Fax 33 35 97 97
92 Betten
Obere Preisklasse (AE, DC, EC, Visa)

Tønsberg Vandrerhjem
Gemütliche Jugendherberge.
Dronning Blancas gate 22
Tel. 33 31 28 48, Fax 33 31 28 48
14 Zimmer (60 Betten)
Untere Preisklasse

Sehenswertes

Oseberghaugen
In diesem 6 m hohen, aus Torf bestehenden Grabhügel fand man 1904 das 21,5 m lange Oseberg-schiff aus dem Jahr 850 (→ »Vikingskiphuset« in Oslo, S. 42). Der Lehmbodengrund und der aufgefüllte Torf eigneten sich ausgezeichnet zur Konservierung des Schiffes.
In Slagen nördlich der Stadt, Rv 311

Sem kirke
Diese weißgestrichene älteste Steinkirche (1100) des Bezirks Vestfold war bis 1900 im Besitz der Adelsfamilie Wedel. Deren Gut neben der Kirche ist Norwegens größtes.
Kirche: Mai–Aug. Di–Fr 9–14 Uhr

Slottsfjellet
Auf dem Schloßberg, mit Aussichtsturm (1888) und schönem Blick über die Stadt und die Schären, sieht man die Ruinen der Festung Castrum Tunsbergis von ca. 1150, im Mittelalter Norwegens größte Burg, die Ruinen der Mikaelskirken (1191), Tønsbergs erster Kirche, und Reste des Ziegelkastells (13. Jh.) von Magnus Lagabøte, der hier Norwegens erstes Landesgesetz schrieb.
Aussichtsturm: Ende Juni–Mitte Aug. tgl. 11–18 Uhr, Mai–Mitte Sept. Sa und So 12–17 Uhr, Mai–Juni Mo–Fr 10–15 Uhr
Eintritt 10 NOK, Kinder 5 NOK

Museum

Vestfold Fylkesmuseum
In einer Walfangausstellung steht das 25 m lange Skelett eines Blauwals. Mehr über Norwegens große Zeit der Segelschiffahrt erfährt man in der Schiffahrtsabteilung.
Farmannsveien 30
Mitte Mai–Mitte Sept. Mo–Sa 10–17 Uhr, So 12–17 Uhr, sonst Mo–Fr 10–14 Uhr
Eintritt 30 NOK, Kinder 5 NOK

Essen und Trinken

Brygga Restaurant
Von der großen Terrasse dieses Restaurants können Sie das bunte Treiben am Kai beobachten, an dem teure Kabinenkreuzer anlegen. Tip für Schlemmer: der riesengroße Meeresfrüchte-Teller. Jazzveranstaltungen und Shows zur späten Nachtstunde.
Nedre Langgate 35
Tel. 33 31 12 70
Tgl. 11–3 Uhr
Mittlere Preisklasse

Einkaufen

Farmandstredet
Einkaufszentrum mit über 80 Geschäften, Galerien und Cafés.
Farmandstredet
Mo–Fr 10–20 Uhr, Sa 10–16 Uhr

Am Abend

Direkt am Hafen findet man mehrere Kneipen, Bars und Diskotheken. Oder spazieren Sie am Gästehafen vorbei zum alten Stadtteil Nordbyen.

Service

Auskunft

Tønsberg og Omland Reiselivslag
Nedre Langgt. 36 B,
3100 Tønsberg
Tel. 33 31 02 20, Fax 33 31 95 90
www.vestfold.com

Ziele in der Umgebung

Larvik c 3, S. 33

40 000 Einwohner

Auf Grund seiner Mineralquellen war Larvik um die Jahrhundertwende ein bekanntes Heilbad. Heute ist die kleine Küstenstadt vor allem wegen ihres Hafens bekannt, in dem mehrmals täglich die Fähre vom dänischen Frederikshavn anlegt. Wer sich für die Geschichte dieser Hafenstadt interessiert, sollte das **Larvik Bymuseum** besuchen, das in einem alten Holzgebäude, dem **Herregården** von 1673, untergebracht ist. Hier wohnte während der dänischen Vorherrschaft deren Statthalter.

Larvik Bymuseum
Herregårdsletta 6
Mitte Juni–Mitte Aug. tgl. 13–17 Uhr,
sonst Ende Mai–Mitte Sept.
So 12–17 Uhr
Eintritt 15 NOK, Kinder 5 NOK

Hotel

Quality Grand Hotel Farris
Komfortables Hotel direkt am Fährhafen mit schönem Blick auf den Larviksfjord. Leckere Fischgerichte im Restaurant »Alexander«.
Storgaten 38
Tel. 33 18 78 00, Fax 33 18 70 45
88 Zimmer
Obere Preisklasse (AE, EC, Visa)

Unverkennbar ist Sandefjord (→ S. 50) Norwegens Walfängerstadt. Das Walfangmonument hat Knut Steen geschaffen.

DER SÜDEN: SANDEFJORD – ÅSGÅRDSTRAND

Sandefjord
■ c 3, S. 33
38 800 Einwohner

Im Hvalfangstmuseet erfährt man mehr über die Geschichte der »Walfängerstadt« Sandefjord, in der 1967 der letzte Walfänger den Hafen verließ. Am Hafen, mit guten Fischgeschäften, steht auch das imposante Walfangmonument von Knut Steen (Abbildung → S. 49). Vom Sandstrand Tallakshamn im Süden der Halbinsel Østerøya gelangt man zum Feuerturm **Tønsberg Tønne**.

Hvalfangstmuseet
Museumsgaten 39
Mai–Sept. tgl. 11–17 Uhr,
sonst 11–15 Uhr
Eintritt 20 NOK

Stavern
■ c 3, S. 33

200 Tage im Jahr scheint hier die Sonne! Das »südländische« Klima lockt nicht nur Touristen, sondern auch Künstler an, die im Sommer auf der Festungsinsel **Citadelløya**, arbeiten. Auf ihr sieht man das **Stavern fort** (Ende des 17. Jh.) und den Pulverturm, von dem schon der Seeheld Peter Wessel Tordenskiold Anfang des 18. Jh. Aussicht hielt. Die zweite Festung Staverns, **Fredriksvern Verft**, wurde 1750 unter König Fredrik V. angelegt.
Anfahrt: 8 km südlich von Larvik (Rv 301)

Hotel

Hotel Wassilioff
Familiäres Hotel in der Nähe des Hafens, das 1844 von einem russischen Emigranten eröffnet worden ist.
Tel. 33 19 83 11, Fax 33 19 97 64
47 Zimmer
Mittlere/Obere Preisklasse (AE, DC, EC, Visa)

Venstøp
■ b 3, S. 33

Auf dem im Empirestil gebauten Hof Venstøp bei Skien (48 500 Einw.) verbrachte der Dichter **Henrik Ibsen** (1828–1906) seine Kinderjahre. Im Flur spielte er Puppentheater. Den dunklen Dachboden schildert er im Schauspiel »Die Wildente«.
Mitte Mai–Aug. tgl. 10–18 Uhr

Verdens Ende
■ c 3, S. 33

Im Süden der Insel **Tjøme** liegen einsame Badebuchten zwischen nackten Felsen. Im Gästehafen, beschützt durch eine mächtige Mole, werden Krabben direkt vom Boot verkauft. Bei klarer Sicht sieht man den an der Mündung des Oslofjordes stehenden rot-weißen Leuchtturm **Færder fyr**.
Anfahrt: 27 km südlich von Tønsberg (Rv 308)

Åsgårdstrand
■ c 2, S. 33

Im idyllischen Badeort Åsgårdstrand besaß der Maler Edvard Munch (1863–1944) ein Atelier und ein altes Fischerhaus (18. Jh.). In **Munchs hus** malte er »Die Mädchen auf der Brücke« (1900), Åsgårdstrands bekanntestes Motiv. Schöne Badestrände südlich des Ortes.
Anfahrt: 11 km nordöstlich von Tønsberg (Rv 311)
Munchs hus
Juni–Aug. Di–So 11–19 Uhr,
Mai/Sept. Sa und So 11–19 Uhr

Hotel

Åsgårdstrand Hotell
Strandpromenaden
Tel. 33 08 10 40, Fax 33 08 10 77
75 Zimmer
Obere Preisklasse (AE, EC, Visa)

DER OSTEN

Freiheit bedeutet für Norweger, einsame Wanderungen im Gebirge zu unternehmen oder allein mit der Angel an einem der ostnorwegischen Flüsse zu stehen.

Der Osten

In der Eiszeit haben die enormen Gletschermassen Ziehharmonika mit Südnorwegen gespielt. Der gesamte östliche Teil dieses Landesteiles ist von mehreren tiefen Tälern durchschnitten. Diese Gegend mit ihren hochgelegenen Tälern, Seen, einsamen Gehöften und phantastischen Aussichtspunkten ist für viele Norweger das wirkliche Norwegen. Hier findet man Ruhe und Harmonie, massenhaft Blau-, Preisel- und Multebeeren und einsame Gewässer zum Angeln!

Norwegen ist ein Gebirgsland, und daher ist es nicht verwunderlich, daß in diesem Gebiet auch zwei alte Grubenstädte liegen, **Kongsberg** und **Røros**, letzteres bekannt vor allem wegen seiner unter Denkmalschutz stehenden alten Holzhäuser. Die einmalige, unberührte Natur erlebt man vor allem im mächtigen Gebirgsmassiv **Jotunheimen**, in der Nähe von Lom. Lohnenswert ist auch ein Besuch in **Lillehammer**, dem Austragungsort der Winterolympiade 1994, mit einem der schönsten Freilichtmuseen Norwegens.

In der Bäckerei Mœhlum in der Storgata in Lillehammer bekommt man die besten Kuchen der Stadt.

Kongsberg ■ c 2, S. 33
22 100 Einwohner

Die alte Grubenstadt entstand 1624 entlang des **Numedalslågen**, nachdem eine Hirtenfamilie vergeblich versucht hatte, einen Silberfund im Gebirge westlich der heutigen Stadt zu verheimlichen. Der Bergbau hat seither jahrhundertelang die Entwicklung der Stadt geprägt. Einen wichtigen Einfluß hatten dabei auch deutsche Bergleute, vor allem Oberberghauptmann Stuckenbrock, der auch die Kongsberg kirke zeichnete und 1640 eine große Dammanlage am nordwestlich der Stadt liegenden **Knutefjell** errichten ließ, um Energie zur Betreibung der Gruben zu schaffen. Einstmals bestand diese Anlage – übrigens Norwegens erste geplante Konstruktion zur Gewinnung von Wasserkraft – aus 50 Dämmen und Wasserrinnen, die sich über eine Strecke von 50 Kilometern erstreckten und die zu Wasserrädern geleitet wurden, die Aufzüge, Pumpen und Pochwerke betrieben. Mitte des 18. Jahrhunderts sorgte das Silberwerk dafür, daß Kongsberg hinter Bergen eine Zeitlang Norwegens zweitgrößte Stadt war. Die Gruben wurden 1957 – nach einer Gesamtproduktion von 1300 Tonnen Silber – stillgelegt, doch noch heute kann die **Kongens gruve** besucht werden. Alle norwegischen Könige, die seit der Eröffnung der Silbergruben regiert und Kongsberg besucht haben, haben übrigens ihre Kronen in die im Westen der Stadt liegenden Felswand »Kronene i Håvet« eingeritzt.

Interessant ist auch der Besuch des königlichen Münzenmuseums (**Den Kongelige Mynts Museum**). Schon bald nach den ersten Silberfunden wurde das Kongsberger Silber zur Herstellung der königlichen Silbertaler verwendet. 1686 wurde dann die gesamte Produktion von Silbertalern von Christiania (heute: Oslo) nach Kongsberg verlegt. Heute werden hier auch unter anderem die Friedensnobelpreismedaillen hergestellt.

Wintersportort

Heute hat die »Silberstadt« mit ihren drei prächtigen Stromschnellen, die mitten durch Kongsberg fließen, einen guten Ruf als Wintersportort. Schon von weitem sichtbar ist der 902 Meter hohe Aussichtsberg **Jonsknuten** westlich der Stadt, von dem aus man bis zum **Blefjellet**, einem beliebten Ausflugsgebiet, wandern kann. Zum Schluß noch ein Tip zur Anreise oder Weiterfahrt: Wirklich lohnenswert ist die kurvige Strecke südlich des Gebirges Blefjell (Rv 37). Fahren Sie dann am langgestreckten See Tinnsjø nach **Rjukan** (ebenfalls Rv 37), das im Zweiten Weltkrieg berühmt wurde, als Saboteure verhinderten, daß die deutschen Besetzer Rjukaner schweres Wasser zum Bau einer deutschen Atombombe aus Norwegen ausführten. Dann zurück auf der E 134, die weiter in Richtung Westen führt.

Sehenswertes

Kongens gruve
Die größte Grube des Silberwerkes erreicht man mit dem Grubenzug durch den 2,3 km langen Christian-VII.-Stollen. Nehmen Sie sich etwas Warmes zum Anziehen mit!
Saggrenda, im Westen der Stadt
Grubenzug: Mitte Mai–Aug. tgl. 11, 12.30, 14 Uhr, Juli–Mitte Aug. auch 15.30 und 17 Uhr
Eintritt 50 NOK, Kinder 20 NOK
Grubensafari 3 1/2 Std., Altersgrenze 15 Jahre, Do 17 Uhr, 260 NOK

Kongsberg kirke
Der Königsstuhl, die Logen und Galerien in dieser mächtigen Barockkirche (1761) sind Zeugen der früheren Standes-unterschiede.

Museum

Den Kongelige Mynts Museum
Die Münzenherstellung aus Kongsberger Silber begann bereits 1628. Im Münzenmuseum, das im ehemaligen Silberwerk untergebracht ist, erhält man Einblick in die Produktion von Christian-IV.-Silbertalern bis zu den heutigen Nickelmünzen. Gleich nebenan liegt **Sølvverkets Samlinger**, eine spannende Sammlung über den Bergwerksbetrieb.
Westlich des Nybrofosser
Mitte Mai–Aug. tgl. 10–18 Uhr, Juli–Mitte Aug. tgl. bis 17 Uhr, Sept. tgl. 12–16 Uhr
Eintritt 30 NOK, Kinder 10 NOK

Service

Auskunft

Kongsberg Turistinformasjon
Storgate 35, 3600 Kongsberg
Tel. 32 73 50 00, Fax 32 73 50 01
www.Kongsberg.net/html/turisme

Ziele in der Umgebung

Dalen
a 2, S. 33

ca. 800 Einwohner

Vor 100 Jahren war Dalen, am Westende des 110 km langen Telemarkkanals gelegen, einer der wichtigsten Verkehrsknotenpunkte zwischen Ost und West. Heute wirkt der Ort, der von bis zu 700 m hohen, beinahe senkrecht in den Himmel ragenden Bergen umgeben ist, eher verschlafen. Abends kurz vor halb acht Uhr legt am Hafen eines der alten Kanalschiffe, die im Sommer täglich zwischen Skien und Dalen verkehren, an (Auskunft: **Telemarkreiser**, Postboks 2813 Kjørbekk, 3703 Skien, Tel. 35 90 00 30, Fax 33 90 00 21, www.telemarkreiser.no.
Am Nordufer schraubt sich die Straße zur hübschen **Eidsborg stavkirke** (13. Jh.) hinauf.
Anfahrt: Auf der E 134 und dem Rv 45

Hotel

Dalen Hotel
Eines der prachtvollsten alten norwegischen Holzhotels von ca. 1890.
Dalen i Telemark
Tel. 35 07 70 00, Fax 35 07 70 11
36 Zimmer, 2 Suiten
Obere Preisklasse (AE, EC, Visa)

Rjukan
b 2, S. 33

ca. 7500 Einwohner

Der Industrie- und Wintersportort wurde auf dem Zeichenbrett entworfen, als hier 1911 das Vemork-Wasserkraftwerk und eine Salpeterfabrik gebaut wurden. Spannende Ausstellung über schweres Wasser im **Industriearbeitermuseum** im Vemorker Kraftwerk. Direkt südlich von Rjukan thront der 1883 m hohe **Gaustatoppen**. Der Aufstieg zur Gipfelhütte dauert zwei Stunden.

DER OSTEN

Lillehammer ◾ C 9
ca. 24 500 Einwohner
Stadtplan → S. 57

Im Februar 1994 wurden Bilder dieses hübschen Ortes am Nordende des **Mjøsa**, mit seinen 365 Quadratkilometern Norwegens größter Binnensee, überall in der Welt auf dem Bildschirm gezeigt. Zu diesem Zeitpunkt fanden hier nämlich die 17. Olympischen Winterspiele statt. Kurz zuvor wurden unter anderem der Olympiapark mit den **Lysgaardsbakkene** und bei **Hunderfossen** Europas nördlichste Bob- und Rodelbahn angelegt. Auch viele Hotels und Restaurants möbelten vor der Olympiade ihr Image auf.

Seither geht es jedoch wieder ruhiger in dieser kleinen Stadt zu, in die 1813 eine königliche Kommission kam und sie mit ihren damals gerade 50 Einwohnern kurz und bündig zum Standort einer Handelsstadt auswählte. Auch eine ganze Kolonie von Künstlern hat sich hier auf Grund der besonderen Lichtverhältnisse niedergelassen. Ihre Werke verkaufen sie im **Kunstnersentret i Oppland**. Außerdem kann der Ort, in dem übrigens der norwegische Käsehobel erfunden wurde, auch mit zwei Nobelpreisträgern der Literatur aufwarten. Sigrid Undset wohnte auf **Bjærbek** im Sigrid Undsetsvei und Bjørnstjerne Bjørnson auf **Aulestad** nördlich von Lillehammer. Und noch ein Superlativ: In Lillehammer liegt **Maihaugen**, eines der schönsten Freilichtmuseen Norwegens.

Das Freilichtmuseum Maihaugen ist eine Huldigung an das Leben der Bauern im Gudbrandsdalen.

LILLEHAMMER

Hotels

**Euro Birkebeineren Hotel
og Motell** ■ c 2
Das neue Hotel mit 310 Betten,
darunter 40 Wohnungen mit je
6 Betten, eignet sich für Familien.
Olympiaparken
Tel. 61 26 47 00, Fax 61 26 47 50
52 Hotel-/40 Motelzimmer
Mittlere Preisklasse (AE, DC, EC, Visa)

First Hotel Breiseth ■ b 3
In Bahnhofsnähe mit Zimmern für
Allergiker. Kunstvolle Einrichtung.
Jernbanegate 1
Tel. 61 24 77 77, Fax 61 26 95 05
89 Zimmer
Mittlere/Obere Preisklasse
(AE, DC, EC, Visa)

Radisson SAS Lillehammer Hotel
First-class-Hotel, mit Schwimmbad.
Turisthotellveien 6
Tel. 61 28 60 00, Fax 61 25 73 33
www.lillehammerhotel.no
250 Zimmer
Obere Preisklasse (AE, DC, EC, Visa)

Sehenswertes

Lysgaardbakkene
Schanzenanlage mit imponierender
Arena und 50 000 Zuschauerplätzen.
Mitte Juni–Mitte Aug. 9–20 Uhr,
sonst tgl. 11–16 Uhr
Eintritt 15 NOK

Museen

Lillehammer Kunstmuseum
■ b 2
Norwegische Kunst von 1830 bis
heute, wechselnde Ausstellungen.
Stortorget
Mitte Juli–Mitte Aug. tgl. 10–17 Uhr,
sonst Di–So 11–16 Uhr
Eintritt 40 NOK, Kinder unter 12 Jahren frei

Maihaugen ■ c 4
Die 142 Höfe, Häuser und Almen
dieses Freilichtmuseums, eines der
größten Nordeuropas, liegen in
einem herrlichen Naturpark. Besonders hübsch sind die **Garmo
Stabkirche** (1200), die kleine
Fåberger Fischerkapelle (1459) und
der große **Bjørnstad-Hof** mit seinen
27 Gebäuden. In einigen Gebäuden
wird auch getöpfert, gesponnen und
Flachbrot gebacken. Wirklich spannend ist die Ausstellung »Wie das
Land unser wurde«, eine Wanderung
in die Vergangenheit bis zurück in
die Eiszeit. Gehen Sie auf jeden Fall
auch durch die »Alten Werkstätten«,
in denen Handwerkzeuge unserer
Vorväter ausgestellt werden.
Juni–Mitte Aug. tgl. 9–18 Uhr, Mai,
Mitte Aug.–Sept. 10–17 Uhr, sonst
11–16 Uhr, Mo geschl.
Eintritt 70 NOK, Kinder 30 NOK

TopTen 1

Essen und Trinken

Lundegården Brasserie & Bar ■ b 2
Feines Restaurant mit Kamin.
Spezialitäten Lachs und Rentiermedaillons. Kleine Gerichte und
ausländische Zeitungen in der Bar.
Storgata 108 a
Tel. 61 26 90 22
Mo und Di 16–24 Uhr, Mi–Fr 16–
1 Uhr, Sa 18–1 Uhr
Obere Preisklasse (AE, EC, Visa)

Einkaufen

Glasblåserhytta
Mitten im Mesna senter kann man
den Glasbläsern zuschauen.
Lilletorvet 1

Kunstnersenteret i Oppland (KIO)
Die Mitglieder der bekannten Lillehammer Künstlerkolonie verkaufen
hier ihre Werke.
Jernbanegate 9

Am Abend

Toppen Bar ◼ b2
Die Aussichtsbar im Mølla Hotel ist in einem ehemaligen, 30 m hohen Kornsilo untergebracht.
Elvegaten 10
Mo-Sa 18–1 Uhr, So geschl.

Service

Auskunft

Lillehammer Turistkontor
Elvegata 19, Pb. 44
2600 Lillehammer
Tel. 61 25 92 99, Fax 61 26 96 55
www.lillehammerturist.no

Ziele in der Umgebung

Aulestad ◼ C9

Beim Besuch des Sommersitzes von Bjørnstjerne Bjørnson fühlt man sich in alte Zeiten zurückversetzt, als hier der bekannte Dichter (1832–1910) seine Werke schrieb.
Mai und Sept. 11–14.30 Uhr,
Juni und Aug. 10–15.30 Uhr,
Juli 10–17 Uhr
Anfahrt: 10 km nordwestlich von Fåberg (E 6/Straße 255)
Eintritt 30 NOK, Kinder 15 NOK

Essen und Trinken

Kornhaug Gjestegård
Bjørnstjerne Bjørnson war in diesem seit 1892 betriebenen Gasthaus mit seinen wunderschönen Holzverzierungen Stammgast.
Follebu (Rv 255), 600 m von Aulestad entfernt
Mitte Mai–Sept.
Tel. 61 22 92 50

Hamar ◼ D9
26 400 Einwohner

Die alte Handelsstadt, im Mittelalter auch Bischofssitz, ist eine Fundgrube für Museumsliebhaber. Auf dem Gelände des ältesten Eisenbahnmuseums Skandinaviens, dem **Jernbanemuseum**, fährt der Dampfzug »Tertitten«. Im **Hedmarkmuseum** auf **Domkirkeodden** lohnt der Besuch der Ruinen der ersten Domkirche Hamars (12. Jh.) und des Freilichtmuseums. Und noch ein architektonisches Meisterwerk: die einem umgestülpten Wikingerschiff gleichende Olympiahalle **Vikingskipet**.
Domkirkeodden
Mitte Juni–Ende Aug. 10–18 Uhr, ansonsten Mai–Sept. 10–16 Uhr
Eintritt 50 NOK, Kinder 15 NOK
Jernbanemuseum
Strandveien 132
Mitte Mai–Ende Aug. tgl. 10–16 Uhr
Eintritt 30 NOK, Kinder 20 NOK

Neverfjell ◼ C9

Von diesem Berg (1066 m) westlich von **Norseter** hat man einen phantastischen Blick auf mehrere Gebirge, u. a. auf die runden Bergrücken des Rondanegebirges im Norden und die schneebedeckten Gipfel von Jotunheimen im Westen.
Anfahrt: 14 km nordöstlich von Lillehammer

Peer Gyntveien ◼ C9

Diese nicht-asphaltierte Gebirgsstraße (Maut) beginnt bei Svingvoll unterhalb des Gebirgsrückens **Skeikampen** (1124 m). Das Gebirgsplateau rund um den Ferienort **Golå** mit dem Hotel Fefor ist ideal zum Skilanglaufen, Wandern und Angeln. Steile Straße hinunter nach **Vinstra** im Gudbrandsdalen.

Skibladner

C 9/D 9

Dieser Raddampfer fährt schon seit 1856 auf dem Mjøsa. Im Sommer schaufelt er sich auch noch heute zwischen Eidsvoll und Lillehammer vorwärts. Unterwegs kann man nicht nur die fruchtbare Mjøsa-Landschaft, Norwegens größte Kornkammer, sondern auch das traditionelle Skibladnermenü, Lachs und Erdbeeren, genießen. Ein Tagesausflug zwischen Gjøvik und Lillehammer dauert acht Stunden.

Mitte Juni–Mitte Aug. (Schulferien) Di, Do, Sa ab Gjøvik 9.35 Uhr, an Lillehammer 15 Uhr, ab Lillehammer 15.10 Uhr, an Gjøvik 17.20 Uhr
Tel. 62 52 70 85, Fax 62 53 39 23
Hin- und Rückfahrt 200 NOK, Familie mit 2 Kindern: 1 Kind frei

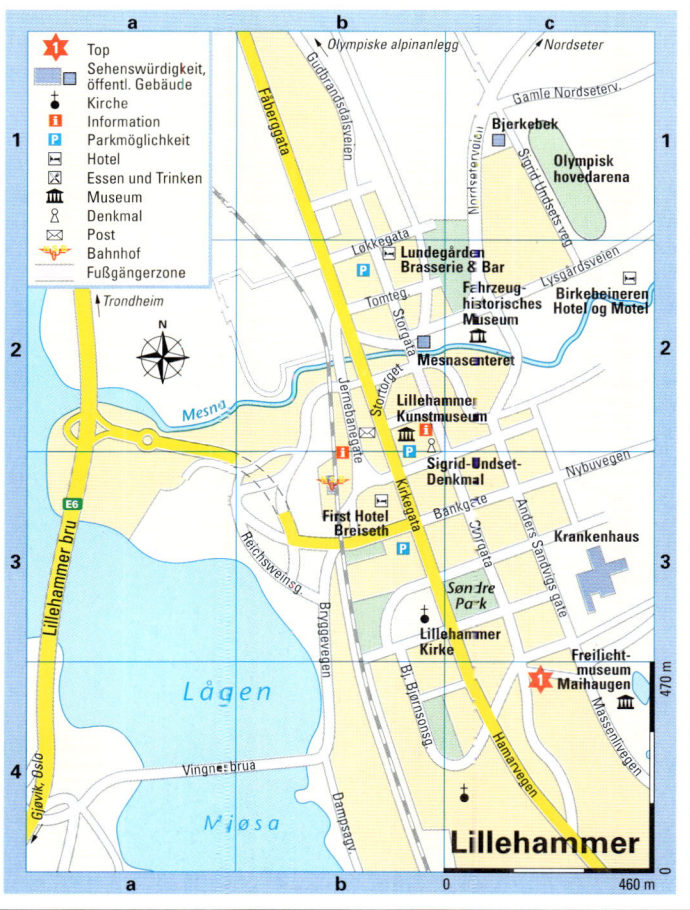

Lom ■ C 8
ca. 2500 Einwohner

Der kleine Ort Lom am Südende des langgestreckten Ottavatnet ist ein typisches Gebirgsdorf mit dunkelbraunen alten Gehöften, die nach alten Bauprinzipien gebaut wurden. Typisch ist das »Lafting«, wobei die Baumstämme auf eine besondere Weise horizontal aufeinandergelegt und zusammengesteckt werden. Jedoch nicht nur alte Bauweisen, sondern auch altes Kunsthandwerk und Essenstraditionen aus den Zeiten der Vorväter werden hier gepflegt.

Am bekanntesten ist die Küche des norwegischen Meisterkochs Arne Brimi, der im **Fossheim Hotell** seine kulinarischen Kunstwerke kreiert. Loms größte Attraktion ist ohne Zweifel die **Lom stavkirke**, die man schon von weitem unten am See stehen sieht. Sie ist als Hochzeitskirche bekannt.

Jedoch nicht nur wegen dieser Kirche treten sich in Lom die Touristen geradezu auf die Füße. Lom, das 1866 eine eigenständige Gemeinde wurde und neben dem Tourismus vor allem von der Landwirtschaft lebt, liegt nämlich strategisch an einer wichtigen Wegkreuzung. Westwärts gelangt man zum **Geiranger-** und **Nordfjord**, in Richtung Süden über das Bøverdalen in den **Jotunheimen Nasjonalpark**. Mitten in dieser phantastischen Gebirgswelt des Jotunheimen, dem »Heim der Jötuner«, thront Norwegens höchster Berg, der 2469 Meter hohe **Galhøpiggen**, dessen Besteigung einen wirklichen Höhepunkt für Bergwanderer darstellt.

Die Reise nach Lom lohnt vor allem wegen der Stabkirche. Beachtenswert ist das Inventar mit einer barocken Kanzel, die reich mit geschnitzten Akanthusblättern verziert ist.

Hotel

Nordal Turistsenter
Das 1897 gebaute Hotel wurde 1990 vollständig renoviert. Mit 60 Hütten und Campingplatz.
Tel. 61 21 93 00, Fax 61 21 93 01
20 Zimmer, 4 Wohnungen
Mittlere Preisklasse (AE, EC, Visa)

Sehenswertes

Lom stavkirke
Diese ehemalige Säulenstabkirche (12. Jh.) wurde im 17. Jh. zur Kreuzkirche umgebaut, doch im Inneren ist noch der ursprüngliche 20säulige Zentralbau erhalten. Am Säulen-Rundbogen-Portal an der Nordseite entdeckt man Löwen.
Mitte Juni–Mitte Aug. tgl. 9–21 Uhr
Eintritt 20 NOK, Kinder frei

Norsk Fjellmuseum
Informationen über das Leben in Norwegens Gebirge.
Mitte Juli–Mitte Aug. tgl. 9–20 Uhr, Mai–Mitte Sept. 10–17 Uhr
Eintritt 50 NOK, Kinder 25 NOK

Essen und Trinken

Fossheim Turisthotell
Im Restaurant dieses traditionsreichen Hotels, mit Gaukstadstube von 1648, serviert Norwegens Meisterkoch Arne Brimi Delikatessen aus der »Küche der Natur«.
Tel. 61 21 12 05
Tgl. 13–15 Uhr und 19–22 Uhr
Obere Preisklasse (AE, EC, Visa)

Service

Auskunft

Jotunheimen Reiseliv a/s
2686 Lom
Tel. 61 21 29 90, Fax 61 21 29 95
www.lomweb.com

Ziele in der Umgebung

Bygdin C 9

Von Mitte Juni bis Mitte September fährt auf diesem Gebirgssee (1058 m) zweimal täglich das Motorboot »Bitihorn« zwischen Bygdin und Eidsbugårdsen. Ausgangspunkt für Wanderungen im Jotunheimengebirge.
Anfahrt: Rv 51

Galdhøpiggen B 9/C 9

In vier Stunden kann man von Spiterstulen auf Norwegens höchsten Berg (2469 m) mitten im hochalpinen **Jotunheimen Nasjonalpark** hinaufsteigen. Von der Gebirgshütte Juvasshytta erreicht man den Gipfel zusammen mit einem Führer in rund drei Stunden. Dabei wird der Gletscher Styggebreen überquert. Sommerskicenter und Gletschertouren.
Anfahrt: Rv 55 bis Røisheim, Abzweigung

Hotel

Røisheim Hotell og Skysstasjon
 B 9/C 9
Hier, in diesem alten Gebirgshotel, das schon seit 1858 auf einem alten Hof aus dem 18. Jh. betrieben wird, verwöhnt der deutsche Koch Claus Binek seine Gäste.
Anfahrt: Rv 55, ca. 17 km südwestlich von Lom
Bøverdalen
Tel. 61 21 20 31, Fax 61 21 21 51
Nur im Sommer geöffnet
26 Zimmer, 2 Suiten
Obere Preisklasse (Visa)

Nigardsbreen B8/B9

Es ist möglich, bis zum mächtigen Gletschertor dieses bekannten Armes des **Jostedalsbreen**, Norwegens größtem Gletscher (486 qkm), zu wandern. Wer will, kann sich mit dem Boot »Jostedalsrjupa« über den Gletschersee bringen lassen. Von dort sind es noch ca. 20 Minuten bis zum Gletschertor, ansonsten eine dreiviertel Stunde. Gutes Schuhwerk ist empfehlenswert. Sehenswert ist auch das neue **Nigardsbreen-Gletschermuseum**, 3 km östlich des Gletschers.
Anfahrt: ca. 35 km nördlich von Gaupne

Urnes stavkirke B9

An der Nordwand von Norwegens ältester erhaltener Stabkirche (11. Jh.) befindet sich ein sehenswertes Portal (1060) mit kämpfenden Löwen, Drachen und Schlangen. Idyllische Lage am Lustrafjord, einem Fjordarm des 205 km langen Sognefjordes.
Anfahrt: 26 km südlich von Skjolden, vorbei am 293 m hohen Feigefossen oder mit dem Schiff hin und zurück von Solvorn. Die Fähre, die im Sommer jede volle Stunde fährt, nimmt auch 14 Autos mit.
Ende Mai–Ende Aug.
tgl. 10.30–17.30 Uhr

Vågåmo C8
3900 Einwohner

Die dunkle geteerte **Vågåkyrkja** in Vågåmo war einstmals eine Stabkirche, die im 12. Jh. errichtet und 1625 bis 1630 zur Kreuzkirche umgebaut wurde. Ursprünglich ist noch das reichverzierte Tierportal an der Südseite. Lohnenswert ist auch ein Besuch im **Kunsthandwerkszentrum** im alten Pfarrhof **Ullinsvin** und auf der Hofanlage **Bygdetunet Jutulheimen** mit einer Sammlung von alten Gebäuden aus dem Bereich von Vågå.
Anfahrt: Rv 15

Stabkirchen wurden fast immer in einsamer Lage errichtet. Die Ehrfurcht der Gläubigen sollte so verstärkt werden.

Røros

C 8/D 8

5500 Einwohner

Nachdem 1644 ein Rentierjäger das erste Kupfer auf der Rørosvidda gefunden hatte, wurde auch der Grundstein für die Grubenstadt Røros gelegt. Schon bald entstanden rings um die erste Schmelzhütte Røros charakteristische dunkelbraune Arbeiterwohnhäuser. Da Røros seit dem Ende des 17. Jahrhunderts vor Bränden verschont geblieben ist, kann man noch heute einen großen Teil der alten Bergstaden bestaunen. Diese alten Wohnhäuser sind einmalig und stehen daher mit Recht auf der UNESCO-Liste über besonders erhaltenswerte Kulturdenkmäler.

Das Kupferwerk von 1644 war 250 Jahre lang eines der wichtigsten Bergwerke Norwegens. Es zog auch zahlreiche deutsche Bergleute an. Nachdem insgesamt 110 000 Tonnen Kupfer zutage gefördert worden waren, mußte das Werk 1977 jedoch schließen. Der Bergbaubetrieb hat aber einige stark ins Auge fallende Spuren hinterlassen: die gigantischen dunkelbraunen Schlackenhalden (**slagghauger**) östlich der Bergstaden und die spezielle, nackte Landschaft rings um die Stadt, die abgeholzt wurde, um den Holzbedarf der Schmelzhütte zu decken. In der rekonstruierten **Smelthytta** liegt heute ein faszinierendes Museum mit originalgetreuen Modellen alter Bergbautechniken. Sehenswert sind auch die markante barocke **Røros kirke** von 1780, die gut sichtbar über der Bergstaden thront, und die zahlreichen Galerien und Kunsthandwerksläden, in denen man so richtig stöbern kann.

*Das Stadtbild Røros'
prägen bunte Holzhäuser;
das einzige Gebäude
aus Stein ist die Kirche.*

Hotels

Erzscheidergården gjesterom
Gemütliche Pension in einem der ältesten Holzhäuser der Bergstaden. Abends sitzt man am offenen Kamin.
Spell Olaveien 6
Tel. 72 41 11 94, Fax 72 41 19 60
15 Zimmer
Mittlere Preisklasse (Visa)

Quality Hotel Røros
Modernes Hotel, Hallenbad, Nachtclub und Diskothek.
An-Magrittsvei
Tel. 72 40 80 00, Fax 72 40 80 01
167 Zimmer
Mittlere/Obere Preisklasse (AE, EC, Visa)

Sehenswertes

Bergstaden
Die ältesten erhaltenen Arbeiterwohnhäuser der Altstadt stammen vom Ende des 17. Jh. Zum Wohnhaus gehörten oftmals Backstuben, Vorratshäuser und Viehställe. Ein besonders schönes Beispiel dafür ist der **Amundsa-Hof** (Ende des 18. Jh.) in der Bergmannsgata 37. In den stattlichsten Häusern im unteren Teil der Altstadt wohnten die Direktoren, im Sleggveien die ärmsten Bergleute. Die achteckige **Røros kirke** (1784), genannt »Bergstadens Ziir«, ist das einzige Steingebäude der Altstadt.

Museum

Smeltehytta
In der nach einem Brand rekonstruierten Schmelzhütte stehen Modelle alter Bergwerkstechniken (Maßstab 1:10). So sieht man u. a. eine Schachtanlage mit Aufzug und Pferdetretmühle aus dem 17. Jh. und einen Schnitt durch eine Grube, in der Erz durch Feuersprengung gewonnen wird.

Malmplassen
Mitte Juni–Mitte Aug. Mo–Fr 10.30–18 Uhr, Sa und So bis 16 Uhr, sonst Mo–Fr 11–15.30 Uhr, Sa und So 11–14 Uhr
Eintritt 35 NOK, Kinder 20 NOK, Familien 90 NOK

Essen und Trinken

Vertshuset Røros
Kleines, gemütliches Restaurant mitten in der Bergstaden. Empfehlenswert: gebratenes Rentierfleisch mit Champignons.
Kjerkgata 34
Tel. 72 41 24 11
Mo–Sa 8–24 Uhr, So 9–23 Uhr
Mittlere Preisklasse (Visa)

Einkaufen

Galleri Thomasgaarden
In einem der ältesten Häuser (17. Jh.) der Stadt werden Keramik und anderes Kunsthandwerk verkauft. Im originellen Galeriecafé sollte man die Waffeln probieren. Hier hängen auch Bildteppiche der verstorbenen Künstlerin Ella Monsen.
Kjerkgata 48
Mo–Fr 10–20 Uhr, Sa bis 16 Uhr, So 12–18 Uhr

Am Abend

Sextus bar & vinkjeller
Diese Kneipe ist die Røroser Klatsch- und Nachrichtenbörse.
Kjerkgate 34

Service

Auskunft

Røros Turistinform
Peder Hiortsgate 2, 7460 Røros
Tel. 72 41 11 65, Fax 72 41 02 08

RØROS – RONDANE NASJONALPARK

Ziele in der Umgebung

Femunden ◼ D 8

Auf Norwegens drittgrößtem Binnensee (201 qkm), einem Dorado für Kanu- und Kajakfahrer südöstlich von Røros, kann man mit dem alten Motorschiff »Fæmund II« von Femundsenden über Elgå bis Søndervika ans nördliche Ende gelangen. Von Elgå und Søndervika gibt es Wandermöglichkeiten im Femundsmarka Nasjonalpark, in dem die Rentiere des am weitesten südlich lebenden Samenstamms grasen.

TOP TEN 10

Olavsgruva ◼ D 8

In der 500 m im Berg liegenden Bergmannshalle der Kupfergrube finden im Sommer Konzerte statt.
Anfahrt: 13 km östlich von Røros (Rv 31)
Führungen Mitte Juni–Mitte Aug. tgl. 10.30, 12, 13.30, 15, 16.30, 18 Uhr, sonst Juni–Sept. Mo–Sa 13 und 15 Uhr, So 12 Uhr
Eintritt 35 NOK, Kinder 20 NOK, Familien 90 NOK

Rondane Nasjonalpark
◼ C 8

Hier leben Rentiere, Schneehühner und Moschusochsen. Ein guter Ausgangspunkt für Wanderungen ist Straumbu am Rv 27, von wo aus man in zwei Stunden zur Hütte Bjørnhollia gelangt.
Anfahrt: über Folldal (Rv 29)

Unterkunft

Skottgården Gjestgiveri ◼ D 8
Der Berghof (17. Jh.) ist guter Ausgangspunkt für Ausflüge zu den Seen Aursunden und Feragen (Sandstrand am Nordende).
Anfahrt: 35 km östlich von Røros (Rv 31)
Tel. und Fax 72 41 32 60
20 Betten
Untere Preisklasse

Wer auf dem Femunden auf eigene Faust mit Kanu oder Kajak unterwegs sein will, sollte bedenken, daß nur wenige Wege direkt zum See führen.

DER WESTEN

SEHENSWERTE ORTE UND AUSFLUGSZIELE

Unbedeutend und klein fühlt man sich an Deck einer Fähre auf einem der mächtigen westnorwegischen Fjorde, inmitten von steil aufragenden Felsen.

Der Westen

Norwegens Westküste ist eine Ansammlung von Superlativen. Auf der einen Seite liegt hier das mächtige Fjordland, wo sich Luft, Meer und Gebirge auf eine vollkommen einmalige Weise begegnen: mächtig, steil und ohne Übergang, mit wilden Schluchten und ergreifend schönen Aussichtspunkten, mit einsamen Höfen und tiefen Fjorden, von denen jährlich unzählige Touristen aus aller Welt angezogen werden.

Auf der anderen Seite findet man hier die größte Ebene Norwegens. Auf **Jæren**, südlich von **Stavanger**, geht das fruchtbare Ackerland beinahe unmerkbar ins Meer über, dazwischen nur noch ein schmaler Streifen mit Norwegens schönsten Sandstränden. Schließlich liegt südlich dieses beinahe unentdeckten Paradieses noch das zerklüftete **Lista**-Gebiet mit unzähligen versteckten Buchten und idyllischen kleinen Dörfern direkt am wilden Meer. Und wer etwas ganz Besonderes erleben will, dem sei eine Fahrt mit dem Postschiff oder dem Schnellboot entlang der Westküste empfohlen.

Rund um den Hafen liegt die Keimzelle des historischen Bergen, der bis ins 19. Jh. hinein größten Stadt Norwegens.

Bergen

■ B 9

227 000 Einwohner
Stadtplan → S. 67

Bergen, Hauptstadt des westnorwegischen Fjordlandes, ist keine Stadt, sondern ein Land für sich, meinen die Bewohner Bergens. Damit haben sie nicht ganz unrecht: Bergen hat eine eigene Geschichte. Viele Jahrhunderte lang war Bergen Norwegens größte Stadt, ab 1217 sogar Königssitz und von 1350 bis Mitte des 16. Jahrhunderts Hauptort der deutschen Hanseaten, die vor allem Handel mit Trockenfisch betrieben. Aus dieser Zeit stammen auch die pittoresken spitzgiebeligen Holzhäuser entlang der **Bryggen**. Besonders ist auch das Klima mit »366 Regentagen im Jahr«, doch die Bergenser verlieren deswegen nicht ihren Humor und ihre Redegewandtheit, Eigenschaften, mit denen sie sich von den übrigen Norwegern abgrenzen.

Pulsierende Stadt

Bergen hat jedoch nicht nur eine spannende Geschichte. Diese pulsierende Stadt mit ihren zahlreichen Restaurants und Kneipen ist heute Westnorwegens größtes Handels- und Kulturzentrum. In Bergens gläsernem Konzerthaus werden im Mai die **Bergenfestspiele** veranstaltet, und im Sommer findet immer gerade irgendein Theater- oder Musikfestival statt. Ein beliebtes Fotomotiv ist der **Fischmarkt** mit frischen Lachsen und leckeren Garnelen. Ein weiterer Höhepunkt: eine Fahrt mit der Zahnradbahn hinauf auf den Aussichtsberg **Fløien**. Durch enge Gassen mit alten, kleinen Holzhäusern und briefmarkengroßen Gärtchen geht es zu Fuß wieder hinunter ins Zentrum. Wer Zeit hat, sollte auch durch die engen Gassen im Stadtteil Nordnes, der auf der anderen Seite des Hafens liegt, bis hinunter zum Puddefjord spazieren. Fotografen können hier meterweise Film verknipsen!

Kunst und Kultur

Wenn man von Bergen spricht, denkt man natürlich auch an den Komponisten **Edvard Grieg**, der 1843 in der Strandgaten zur Welt kam und im Laufe seiner großen Komponistenkarriere Weltruhm erlangte. Die Holzvilla **Troldhaugen** am idyllischen See Nordåsvannet südlich der Stadt, in der Edvard Grieg von 1885 bis zu seinem Tod im Jahr 1907 zusammen mit seiner Frau Nina lebte, ist eine wahre Fundgrube für Musikliebhaber. Vieles ist noch wie zu Lebzeiten Griegs erhalten geblieben. Doch nicht nur Musikfreunde, sondern auch Kunstinteressierte werden in Bergen fündig. In der Rasmus Meyers Allé liegen gleich zwei Perlen, die **Bergen Billedgalleri** mit einer spannenden Sammlung von norwegischen Malern des 19. und 20. Jahrhunderts und die Privatsammlung **Rasmus Meyers Samlinger**, in der vor allem Liebhaber des Expressionisten Edvard Munch auf ihre Kosten kommen.

Der Westen

Hotels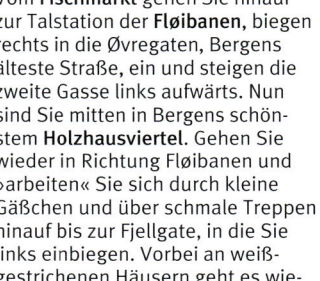

Bergen Gjestehus ▪ b 4
Zimmer für Selbstversorger. Zentral.
Vestre Torggate 20 a
Tel. 55 31 96 66, Fax 55 23 31 46
23 Zimmer
Mittlere Preisklasse (AE, EC, Visa)

Grand Hotel Terminus ▪ c 4
Altes, ehrwürdiges Hotel am Bahnhof mit schönem Kaminzimmer.
Zander Kaaesgate 6
Tel. 55 31 16 55, Fax 55 31 85 76
130 Zimmer
Obere Preisklasse (AE, DC, EC, Visa)

Hotel Neptun ▪ b 3
Hier wird Kunst großgeschrieben.
Valkendorfsgate 8
Tel. 55 30 68 00, Fax 55 30 68 50
107 Zimmer (17 Suiten)
Luxusklasse (AE, EC, Visa)

Kloster Pension ▪ a 2
Einfache Unterkunft.
Strangehagen 2
Tel. 55 90 21 58, Fax 55 23 30 22
18 Zimmer
Untere Preisklasse

Radisson SAS Royal Hotel Bergen
▪ c 2
Exklusives Hotel im Baustil der
Häuser entlang der Bryggen.

Bryggen
Tel. 55 54 30 00, Fax 55 32 48 08
273 Zimmer (10 Suiten)
Luxusklasse (AE, EC, Visa)

Spaziergang

Vom **Fischmarkt** gehen Sie hinauf
zur Talstation der **Fløibanen**, biegen
rechts in die Øvregaten, Bergens
älteste Straße, ein und steigen die
zweite Gasse links aufwärts. Nun
sind Sie mitten in Bergens schönstem **Holzhausviertel**. Gehen Sie
wieder in Richtung Fløibanen und
»arbeiten« Sie sich durch kleine
Gäßchen und über schmale Treppen
hinauf bis zur Fjellgate, in die Sie
links einbiegen. Vorbei an weißgestrichenen Häusern geht es wieder abwärts. Biegen Sie links in den
Langeveien und kurz danach rechts
in eine kleine Gasse, die hinunter
zur Øvregaten führt. Über die Lepragate gelangt man zur **Bryggen** und
wieder zum Ausgangspunkt.

Sehenswertes

Akvarium ▪ a 1
Hier findet man wirklich alles,
was schwimmen kann.
Mai–Sept. tgl. 9–20 Uhr, sonst
10–18 Uhr
Eintritt 75 NOK, Kinder 40 NOK

Trotz vorbeibrausendem Verkehr die Hauptattraktion Bergens: das alte Hanseviertel Bryggen.

BERGEN

Bergenhus festning ■ b1

Hinter den Mauern der 1546 erbauten Festung stehen der **Rosenkrantztårnet** (1562–1568) und die **Håkonshallen** (1261), eine wunderschöne gotische, königliche Festhalle.
Mitte Mai–Mitte Sept. tgl 10–16 Uhr, sonst So 12–15 Uhr
Eintritt 15/30 NOK, Kinder 5/10 NOK

Bryggen ■ c2

Die »Brücke« am Hafen mit ihren spitzgiebeligen Häusern (heute Kunsthandwerksläden und Galerien) ist eines der bekanntesten Fotomotive Bergens. In diesen nach einem Brand im Jahr 1702 wieder aufgebauten Holzhäusern wohnten die Hanseaten. Mehr über das Leben der Hanseaten erfährt man im **Hanseatisk Museum**.

TOP TEN 6

Der Westen

Fantoft stavkirke
Leider steht hier nach einem Brand nur noch eine Rekonstruktion dieser schönen Stabkirche von 1150.

Fløibanen c 3
Mit der alten Standseilbahn (**Kabelbanen**) gelangt man auf abenteuerliche Weise auf den 320 m hohen Fløien. Phantastischer Blick bis zum Meer.
Halbstündlich Mo–Fr 7.30–23 Uhr, Sa ab 8, So ab 9 Uhr, Mai–Aug. tgl. bis 24 Uhr
Hin- und Rückfahrt 40 NOK, Kinder 20 NOK

Mariakirken c 2
Während der Hansezeit war diese Kirche die wichtigste der Hanseaten. Der letzte deutsche Gottesdienst wurde 1868, als die Hanseaten schon längst die Stadt verlassen hatten, gehalten. Die Hanseaten haben auch wesentlich zur Ausschmückung dieser im 12. Jh. erbauten Steinkirche beigetragen. Barockkanzel und Maria-Altarschrein (15. Jh.).
Mitte Mai–Mitte Sept. Mo–Fr 11–16 Uhr, sonst Di–Fr 12–13.30 Uhr
Eintritt 10 NOK, Kinder frei

Troldhaugen
In dieser weißgestrichenen Holzvilla (1885) am idyllischen Nordåsvannet lebte Edvard Grieg (1843–1907), Norwegens bekanntester Komponist, 22 Jahre lang mit seiner Frau Nina. Griegs Komponistenhütte und das Grab des Ehepaares liegen beide unten am See.
Mai–Sept. 9–18 Uhr, sonst Mo–Sa 10–14 Uhr, So 10–16 Uhr, Dez. und Jan. geschl.
Eintritt 40 NOK, Kinder frei

Museen

Bryggens museum c 2
Bei Ausgrabungen auf der Bryggen fand man auch Reste aus dem 12. Jh., die hier an ihrem ursprünglichen Ort ausgestellt werden. Sehenswert sind auch die Runensammlung und die vielen verschiedenen Gebrauchsgegenstände aus dem Mittelalter.
Mai–Aug. tgl. 10–17 Uhr, sonst Mo–Fr 11–15 Uhr, Sa 12–15 Uhr, So 12–16 Uhr
Eintritt 20 NOK, Kinder 10 NOK

Hanseatisk Museum c 3
In den Räumen des Hanseatischen Museums, untergebracht in einem der schönsten Holzgebäude Norwegens (16. Jh.), fühlt man sich in die Zeit der Hanseaten zurückversetzt.
Bryggen
Juni–Aug. tgl. 9–17 Uhr, Sept.–Mai tgl. 11–14 Uhr
Eintritt 35 NOK, Kinder frei (gilt auch für Schøtstuene)

Rasmus Meyers Samlinger b 4
Besonders schöne Privatsammlung mit norwegischer Kunst verschiedener Epochen. Bilder von Edvard Munch (1863–1944).
Mitte Mai–Mitte Sept. Mo–Sa 11–16 Uhr, So 12–15 Uhr,
sonst Di–So 12–15 Uhr
Eintritt 35 NOK, Kinder frei

Essen und Trinken

Bryggen Tracteurstedet c 2
Hier kann man gute norwegische Kost genießen. Auch beliebt bei allen, die nur ein Glas Bier trinken möchten.
Bryggestredet
Tel. 55 31 40 46
Tgl. 16–23 Uhr
Obere Preisklasse (AE, EC, Visa)

BERGEN

Enhjørningen c 2
Zum Lunch gibt's in diesem exzellenten Fischrestaurant an der Bryggen ein kaltes Buffet mit Fisch und Meeresfrüchten.
Auf Grund des Andrangs Tisch reservieren lassen!
Bryggen
Tel. 55 32 79 19
Mo–Sa 12–24 Uhr, So 13–24 Uhr
Obere Preisklasse (AE, EC, Visa)

Holbergstuen Restaurant b 3
Gute Fisch- und Rentiergerichte.
Torgalmenning 6
Tel. 55 31 80 15
Tgl. 11–0.30 Uhr
Mittlere Preisklasse (Visa)

Statsraaden c 2
Nehmen Sie sich in diesem Gourmet-Restaurant Zeit für das »Menü Surprise«, eine kulinarische Reise in vier Gängen.
Bryggen
Tel. 55 54 31 40
Mo–Sa 17–24 Uhr, So geschl.
Luxusklasse (AE, EC, Visa)

Einkaufen

Bergens Glasmagasin b 4
Hier gibt's Bergens größte Auswahl an Norwegens bekannten Porsgrund Porzellan und Hadelang Glaswaren.
Olav Kyrresgate 9

Fisketorget c 3
Auf dem Fischmarkt werden massenhaft Fische und frische Garnelen verkauft, die man direkt aus der Tüte essen kann. Auch Verkauf von Gemüse, Obst, Kunsthandwerk und Souvenirs.
Mo–Fr 9–16 Uhr, Sa bis 15 Uhr
Mai–Sept. ab 7 Uhr, Do bis 19 Uhr

Bergens Fischmarkt geht bis auf das 16. Jh. zurück. Hier wird der nächtliche Fang angeboten.

Am Abend

Bergens Filharmoniske Orkester
Jeden Donnerstag von Sept. bis Mai spielt das seit 1765 bestehende Orchester Konzerte in den Grieghallen.

Café Opera b 3
Bergens erstes kontinentales Café. Im ersten Stock stehen dicke Ledersesseln.
Engen 24
Mo–Do 12–1 Uhr, Fr und Sa 12–5 Uhr (im Sommer), So 13–1 Uhr

Fana Folklore
Im Stadtteil Fana kann man im Sommer Folkloretanz bewundern und Rahmbrei essen. Bustransport zum Festplatz.
Juni–Aug. Mo, Di, Do, Fr 19–22.30 Uhr
Tel. 55 91 52 40
Eintritt (Essen inbegriffen) 230 NOK

Sjøboden ■ c 2
Urige Kneipe mit Live-Musik.
Bryggen
Mo–Sa 12–0.30, So 13–0.30 Uhr

Service

Auskunft

Bergen Turistinformasjonen ■ c 3
Vågsallmenningen 1, 5014 Bergen
Tel. 55 32 14 80, Fax 55 32 14 64
Juni–Aug. tgl. 8.30–22 Uhr, Mai und
Sept. tgl. 9–20 Uhr, sonst Mo–Sa
9–16 Uhr
www.fjordnorway.no

Stadtrundfahrten
Dreistündige Stadtrundfahrt mit
Besuch von Troldhaugen.
Mitte April–Sept. 10 Uhr
Abfahrt Touristenbüro
Preis 220 NOK, Kinder 140 NOK

Bergen Card
Freier Eintritt oder Ermäßigungen
in einem Teil der Museen, Kinos,
bei Konzerten, im Bus, beim Parken.
1 Tag 130 NOK, 2 Tage 200 NOK,
Kinder 60/90 NOK. Verkauf: Touristenbüro, Hotels usw.

Ziele in der Umgebung

Baroniet Rosendal ■ B 10

Norwegens einzige Baronie von
1678 ist vor allem wegen ihrer
Gemäldeausstellung und Sommerkonzerte bekannt. Rosengarten und
Grabkapelle mit barocker Altartafel.
Anfahrt: im Süden des Hardangerfjordes (Rv 48)
Mitte Mai–Aug. tgl. 10–17 Uhr,
sonst Mai–Sept. 12–15 Uhr
Eintritt 60 NOK, Kinder 10 NOK

Hardangerfjord ■ B 10

Wer im Mai kommt, kann hier entlang des 180 km langen Fjordes die
phantastische Kirsch- und Pflaumenblüte erleben. Besonders hübsch ist
der von steilen Hängen umgebene
Ferienort **Ulvik** im Inneren des Fjordes. Lohnenswert ist die Fährfahrt
von Kvanndal oder Kinsarvik nach
Utne mit dem hübschen **Hardanger
Folkemuseum**.
Mo–Fr 10–15 Uhr, Mai–Aug. Mo–Fr
10–16 Uhr, So 12–16 Uhr
Eintritt 25 NOK, Kinder frei

Hotel

Utne Hotel ■ B 9
In diesem seit 200 Jahren von ein
und derselben Familie betriebenen
Hotel fühlt man sich zwischen
Antiquitäten und in den romantisch eingerichteten Zimmern,
in denen bewußt auf Radio und
Fernsehen verzichtet wird, in die
»guten alten Zeiten« zurückversetzt.
Tel. 53 66 69 83, Fax 53 66 69 50
24 Zimmer
Obere Preisklasse (AE, EC, Visa)

Lysøen ■ A 10

Die Sommervilla des norwegischen
Violinmeisters Ole Bull (1810–1880)
auf der Insel Lysøen ist ein anschauliches Beispiel der norwegischen
Nationalromantik. Auf Grund ihres
markanten Zwiebelturmes und exotischer Ornamente wird sie (1872)
auch »kleine Alhambra« genannt.
Anfahrt: 26 km südlich von Bergen
bis Sørstraumen (Rv 553)
Mitte Mai–Aug. Mo–Sa 12–16 Uhr,
So 11–17 Uhr, Sept. So 12–16 Uhr
Eintritt 25 NOK, Kinder 10 NOK
Bootstour hin und zurück
30 NOK, Kinder 15 NOK
Bootsabfahrt von Sørstraumen/
Buenakai jede volle Stunde

Måbødalen B9

Die alte, für den Autoverkehr gesperrte Straße durch das von gigantischen, senkrecht aufragenden Bergen umgebene Tal bei **Eidfjord** ist ein bauliches Meisterwerk.
Im oberen Teil des Tales tost der 182 m hohe **Vøringsfossen**. Bester Blick beim Fossli Hotel.
»Trollzug« durch das Måbødalen von Eidfjord (Rv 7), 60 NOK

Sognefjord B9

Norwegens »König der Fjorde« gräbt sich 205 km ins Land hinein und ist bis zu 1200 m tief. Er war bereits in der Mitte des 19. Jh. ein beliebtes Ziel früher Touristen.
In **Balestrands** romantischem, im Schweizer Stil gebauten **Kvikne's Hotel** (→ MERIAN-Tip, S. 15) war mehrmals Kaiser Wilhelm II. zu Gast. Dem Ort **Vangsnes** auf der anderen Seite des Fjordes schenkte er 1913 die riesengroße **Fridtjovstatue**.
Sehenswert ist auch die **Hopperstad stavkirke** (1130) mit Drachenportal und Laubengang in **Vik**.
www.sfr.no

Voss B9

13 700 Einwohner

In Westnorwegens bekanntestem Wintersportort am **Vangsvatnet** treffen sich jedes Jahr im März Jazzmusiker aus aller Welt. Wer im Sommer kommt, sollte auf jeden Fall die alte **Vangs kyrkja** (1271–1277) mit schöner Altartafel und holländischem Kronleuchter aus dem 17. Jh. besuchen. Der **Finneloftet**, Speicher von 1250, war einst Festsaal eines Adelsgutes und ist heute eines der ältesten Holzgebäude Norwegens.

Hotel

Fleischer's Hotel
Romantisches Hotel von 1889 mit altem Interieur und einer schönen Frontfassade der Belle Époque. Leckeres kaltes Buffet.
Tel. 56 52 05 00, Fax 56 52 05 01
90 Zimmer
Obere Preisklasse (AE, EC, Visa)

Beeindruckende Ausmaße:
Der Sognefjord schneidet sich
205 km weit ins Landesinnere.

DER WESTEN

Stavanger ■ B 10
108 000 Einwohner
Stadtplan → S. 75

Als man Anfang der siebziger Jahre in der Nordsee vor Stavanger große Erdölvorkommen entdeckte, erwachte die Stadt, die im letzten Jahrhundert vor allem vom Heringsfang und der Konservenindustrie lebte, aus ihrem Dornröschenschlaf. Seither hat sich Stavanger zu einer der reichsten Städte Norwegens entwickelt. Die in den großen Ölgesellschaften angestellten Amerikaner, Engländer und Franzosen tragen außerdem zur spürbaren Weltoffenheit der Bewohner Stavangers bei. Und abends wimmelt es in den kleinen Gassen der hübschen Fußgängerzone, mit Stavangers modernem **Kulturhaus**, von jungen Menschen, die auf der Jagd nach einem freien Stuhl in einer der vielen Kneipen sind. Die Stadt hat aber trotz allem auch etwas Kleinstädtisches an sich. Das Zentrum ist übersichtlich rund um den Hafen angelegt, mit mehreren gemütlichen Restaurants, dem Fisch-, Blumen- und Gemüsemarkt und an der Westseite dem idyllischen **Gamle Stavanger** mit alten weißgestrichenen Holzhäusern aus den letzten beiden Jahrhunderten, die nach jahrelangem Tauziehen schließlich vor der Sanierung gerettet wurden. Südlich des Hafens steht die **Stavanger domkirke**, eine der schönsten Mittelalterkirchen Norwegens. Wer schon einmal in der Gegend ist, sollte auf jeden Fall auch hinaus zu den weitläufigen Sandstränden von **Jæren** fahren oder einen Tagesausflug zum mächtigen Felsen **Prekestolen**, der schwindelerregend über dem Lysefjord thront, unternehmen.

Gamle Stavanger ist der historische Kern der modernen Ölboom-Stadt.

Hotels/andere Unterkünfte

Best Western Havly Hotel ▪ b 2
Kleine, familiäre Unterkunft in der Nähe der Fußgängerzone.
Valberggate 1
Tel. 51 89 67 00, Fax 51 89 50 25
42 Zimmer
Mittlere Preisklasse (AE, DC, EC, Visa)

Radisson SAS Atlantic Hotel Stavanger ▪ b 3
Stavangers exklusivstes Hotel.
Olav V's gate 3
Tel. 51 52 75 20, Fax 51 56 10 75
352 Zimmer
Luxusklasse (AE, EC, Visa)

Skagen Brygge Hotell ▪ b 2
Von den stilvoll eingerichteten Zimmern Blick auf den Hafen.
Skagenkaien 30
Tel. 51 85 00 00, Fax 51 85 00 01
106 Zimmer
Obere Preisklasse (AE, EC, Visa)

Stavanger Vandrerhjem
Jugendherberge am See Mosvatnet.
Henrik Ibsens gate 21
Tel. 51 87 29 00, Fax 51 87 06 30
76 Betten
Untere Preisklasse

Spaziergang

Vom Gemüsemarkt unterhalb der **Stavanger domkirke** gehen Sie links zum **Sjøfartsmuseet**, in dem Stavangers 200jährige Schiffahrtsgeschichte dargestellt wird, und an der Westseite des hübschen Gästehafens (**Vågen**) bis zum Ende des Strandkaien. Folgen Sie der Uelandsgate und biegen links in die Øvre Strandgate ein. Dann gehen Sie durch **Gamle Stavanger** und vorbei am **Hermetikkmuseet** zurück in Richtung Zentrum.

Sehenswertes

Gamle Stavanger ▪ a 2/b 2
In den engen Gassen von Alt-Stavanger auf der Westseite des Vågen kann man sich in die Zeit zurückversetzen, als hier im 18. und 19. Jh. Handels- und Seeleute wohnten. Die rund 160 liebevoll restaurierten Häuser stehen unter Denkmalschutz.

Stavanger domkirke ▪ b 2
Nachdem Stavanger 1125 Bischofssitz wurde, ließ Bischof Reinhald av Winchester mit Hilfe englischer Handwerker diese Domkirche im anglonormannischen Stil erbauen. Nach einem Brand erhielt die Kirche ihren gotischen Chor (1300).
Mitte Mai–Mitte Sept. Mo–Sa 9–18 Uhr, So 13–18 Uhr, sonst Mo–Sa 9–11.30/12–14 Uhr, Orgelmusik Do 11.15 Uhr

Ullandhaug
Westlich des Aussichtsturmes Ullandhaugtårnet, mit phantastischer Sicht auf Stavanger, Jæren und die Nordsee, hat man eine alte Hofanlage von 350 bis 550 n. Chr. rekonstruiert. Daneben liegen Gräber aus der Wikinger- und Bronzezeit und Reste einer Steinzeit-Wohnstätte.
Ca. 5 km südlich von Stavanger
Hofanlage: im Sommer
tgl. 11–16 Uhr, sonst Mai–Okt.
So 12–16 Uhr

Museum

Norsk Oljemuseum ▪ c 1
Hier erfährt man alles über das norwegische Öl-Abenteuer. Rekonstruktion einer Ölbohrinsel, 3D-Film-Kino und Café.
Kjerringholmen/Havneringen
Mai–Aug. tgl. 10–19 Uhr, sonst 10–17 Uhr Do, So bis 19 Uhr
Eintritt 60 NOK, Kinder 30 NOK

Essen und Trinken

Jans Mat & Vinhus
Gourmet-Restaurant der Chaîne des Rôtisseurs.
Breitorget
Tel. 51 85 45 85
Tgl. 18–24 Uhr
Luxusklasse (AE, DC, EC, Visa)

N.B. Sørensens Dampskibsexpedition ■ b 2
Im ersten Stock kann man in der »Sørensens Stue«, einer mit zahlreichen Bücherregalen eingerichteten Gaststube, und im »Directionen«, einem intimen Speisezimmer, teuer, aber ausgezeichnet essen. In der »Dampskibsexpeditionen« im Erdgeschoß gibt's kleine Gerichte und guten Wein.
Skagen 26
Tel. 51 84 38 00
Erdgeschoß Mo–Sa 12–1.30 Uhr, So 14–0.30 Uhr,
Erster Stock Mo–Sa 18–22.30 Uhr, So geschl.
Mittlere Preisklasse/Luxusklasse (AE, DC, EC, Visa)

Einkaufen

Brukskunstenteret
Schöne Kunsthandwerksartikel aus Keramik, Glas, Holz, Stoff und Wolle.
Valbergtårnet (im Turm)

Am Abend

Cobra ■ b 3
Diskothek für die reifere Jugend.
Atlantic Hotel
Olav V's gate 3
Di–Sa 21–2 Uhr

Café Sting
Hier trifft man vor allem junge Leute. Billige kleine Gerichte.
Valberggate 3
So 15–2 Uhr, Mo–Sa 12–4 Uhr

Newsman ■ b 2
Originelle Kneipe mit Lesepulten, an denen Zeitungen und Zeitschriften, auch ausländische, zum Lesen ausliegen.
Skagen 14
Mo–Sa 12–2 Uhr, So 18–2 Uhr

Stavanger Kinematografer ■ b 2
In den acht Kinos im Kulturhaus werden alle ausländischen Filme in Originalfassung gezeigt.
Sølvberggate 2 (Kulturhaus)
Tel. 51 50 70 30
Kartenverkauf: Mo–Sa 10–17 Uhr.

Service

Auskunft

Turistinformasjon
Rosenkildetorget 1
Postboks 11, 4001 Stavanger
Tel. 51 85 92 00, Fax 51 85 92 02
Im Sommer tgl. 9–20 Uhr, sonst Mo–Fr 9–16 Uhr, Sa bis 14 Uhr
www.destinasjon-stavanger.no

Stadtrundfahrten
Eine zweistündige Stadtrundfahrt startet von Juni bis Ende August um 13.30 Uhr am Vågen (Gästehafen). Anmeldung im Touristenbüro
Preis 130 NOK, Kinder/Senioren 80 NOK

Fjordsightseeing ■ b 2, S. 75
Von Stavanger aus kann man unterschiedliche Fjordfahrten unternehmen, besonders beliebt ist die rund dreistündige Fahrt zum Lysefjord, bei der man den Prekestolen von unten bewundern kann (→ S. 76).
Juni–Aug. Abfahrt Skagenkai 10.30 Uhr, Juli/Aug. auch 14.30 Uhr, 205 NOK, Kinder 100 NOK

Ziele in der Umgebung

Avaldsnes ■ B 10

Hier lag im 9. Jh. unter Harald Schönhaar Norwegens ältester Königssitz. Der 6,5 m schiefe Baustein »Jungfrau Marias Nähnadel« berührt beinahe die Wand der **Olavskirken** von 1250, später königliche Kapelle und Kollegiatkirche. Westlich von Avaldsnes liegen die sieben Grabhügel **Rehaugene** aus der Bronzezeit.

Hå gamle Prestegård ■ B 11

Dieses einzigartige alte Pfarrhaus von 1630 mit großer Hofanlage liegt direkt am offenen Meer neben einem Gräberfeld aus der Eisenzeit. Im Sommer Kunstausstellungen und Konzerte.
Anfahrt: 16 km südwestlich von Bryne, Abzweigung bei Vigre
Mai–Sept. Di–Fr 11–18 Uhr,
Sa 12–17 Uhr, So 12–18 Uhr
sonst Sa 12–17 Uhr, So 12–18 Uhr

DER WESTEN

Orrestranden ■ B 10/B11

Auf Norwegens schönstem Sandstrand mitten auf Jæren kann man lange Spaziergänge machen oder sich in den Dünen sonnen.
Anfahrt: ca. 10 km westlich von Bryne

Prekestolen ■ B 10

Für einen Ausflug zu diesem 600 m senkrecht über dem Lysefjord aufragenden Felsen sollte man sich einfach Zeit nehmen! Von der Prekestolhytta braucht man zu Fuß ca. zwei Stunden. Vom Schiff aus kann man den Felsen auch von unten bewundern.
Anfahrt: Rv 13 bis Jøssang, Abzweigung zur Prekestolhytta
Dreistündige Schiffahrt ab Stavanger 205 NOK, Kinder 100 NOK

Norwegens bekannteste Aussichtskanzel, der mächtige Prekestolen, ragt 600 m über den Lysefjord auf.

Skudeneshavn ■ B 10

In dem idyllischen Städtchen (2500 Einwohner) mit seinen weißen spätklassizistischen Holzhäusern aus dem 18. und 19. Jh. findet man schöne Fotomotive und kann das Fischerei-, Kultur- und Heimatmuseum im Malandsgården von 1818 besuchen.
Anfahrt: Fähre Mekjarvik–Skudeneshavn oder E 134, Rv 47/511

Essen und Trinken ⌧

Lanternen
Fischrestaurant mit Terrasse.
Torget
Tel. 52 82 86 74
Mo–Do 9–24 Uhr, Fr und Sa 9–1 Uhr, So 10–24 Uhr
Mittlere Preisklasse

Utstein Kloster ■ B 10

Im Sommer werden zwischen den Kirchenmauern des Klosters (1200) stimmungsvolle Konzerte gegeben.
Anfahrt: Insel Mosterøy (E 134) nördlich von Stavanger
Mai–Mitte Sept. Di–Sa 10–16 Uhr, So 12–17 Uhr

Ålesund

38 200 Einwohner

B 8

Nicht mehr, seitdem Ålesund brannte, sagt man im Norwegischen, wenn ein Geschehnis wirklich lange zurückliegt. Diese Redewendung spielt auf einen katastrophalen Stadtbrand im Jahr 1904 an, bei dem ganz Ålesund in Schutt und Asche gelegt wurde. Geldspenden aus nah und fern, unter anderem auch vom Norwegenfreund Kaiser Wilhelm I. – zum Dank wurde eine Straße nach ihm benannt –, trugen dazu bei, daß Ålesund wieder aufgebaut werden konnte. Aus dieser Zeit stammen auch die farbenfrohen **Jugendstilhäuser** in den Straßen rings um den inneren Hafen und die **Ålesund kirke** aus lokalem Naturstein.

Ålesund, das direkt am Meer auf drei Inseln liegt, besitzt eine der größten Fischereiflotten Norwegens. Der Fischfang sorgt für zahlreiche Arbeitsplätze in Fischveredlungsbetrieben und auf Bootswerften. Schlagzeile machte die Stadt jedoch vor allem im Jahr 1986, als hier mehrere der vorgelagerten Inseln, unter anderem die Insel **Vigra** mit dem Ålesunder Flugplatz, durch die lange Unterwassertunnelstrecke (11,7 Kilometer) mit dem Festland verbunden wurden. Noch ein Tip für alle, die in Richtung Kristians und weiter wollen: Wählen Sie den Küstenweg über die Insel **Otrøy**, vorbei an der Rosenstadt **Molde** und dem kleinen Fischerort **Bud** und schließlich über den **Atlanterhavsveien**. Auf dieser Strecke kann man wirklich die mächtigen Naturkräfte Wind und Wasser erleben.

Ihr Jugendstil-Antlitz verdankt die Stadt Ålesund dem großen Brand von 1904: hier der Blick vom Hausberg Aksla.

Hotel

Quality Scandinavie Hotel
Fragen Sie nach einem Erkerzimmer des Hotels mitten im Zentrum.
Løvenvoldgata 8
Tel. 70 12 31 31, Fax 70 13 23 70
72 Zimmer
Mittlere/Obere Preisklasse (AE, DC, EC, Visa)

Sehenswertes

Jugendstilhäuser
Sehenswert sind vor allem die farbenfrohen Jugendstilhäuser am Hafen, in der Apotekergata, Kongensgata und Løvenvoldgata. Speziell für Ålesund ist die Verknüpfung von Jugendstil und Elementen des norwegischen Drachenstils.

Essen und Trinken

Café Brosundet
Im Rainbow Hotel Atlantica gibt's Backwaren aus der hauseigenen Bäckerei und leckere Fischgerichte. Gilt als das beste Café Alesunds!
Rasmus Rønnebergsgate 4
Tel. 70 12 91 00
Tgl. 7–20 Uhr
Mittlere Preisklasse (AE, DC, EC, Visa)

Sjøbua Fiske-Restaurant
Ausgezeichnetes Fischrestaurant.
Brunholm gate 1
Tel. 70 12 71 00
Mo–Sa 14–23 Uhr, So geschl.
Obere Preisklasse (AE, DC, EC, Visa)

Service

Auskunft

Turistinformasjon Ålesund
Keiser Wilhelmsgate 11
6003 Ålesund
Tel. 70 12 12 02, Fax 70 12 66 06
http://www.alesund-tourist.mr.no

Ziele in der Umgebung

Atlanterhavsveien ■ B 8

An keinem anderen Ort in Norwegen hat man als Autofahrer so nahen Kontakt mit dem Meer wie auf der 8 km langen »Atlantikstraße« zwischen **Vevang** und **Kårvåg** 28 km südwestlich von **Kristiansund**. Zwölf Brücken und mehrere Dämme verbinden hier auf abenteuerliche Weise Inseln und Holme.
Maut 40 NOK

Briksdalsbreen ■ B 8/B 9

Dieser Gletscherarm des großen **Jostedalsbreen** ist einer der schönsten Gletscher Norwegens. Wer dem Andrang von Kreuzschifftouristen aus dem Wege gehen will, kommt am besten nachmittags. Dann scheint auch die Sonne vom Westen auf den Gletscher. Wer will, kann mit der Pferdekutsche, die von Fjordpferden gezogen wird, bis fast zum Gletschersee hochfahren. Zu Fuß ca. eine Dreiviertelstunde.
Anfahrt: ca. 30 km südlich von Olden (Rv 60), entlang des idyllischen Oldensees

Service

Briksdalsbre fjellstove

Bestellung von Pferdekutschen
Mit Cafeteria. Übernachtung.
Briksdalen, beim Parkplatz
Tel. 57 87 68 00, Fax 57 87 38 61

Gletscherwanderungen
Tel. 57 87 38 11, Fax 75 87 38 61

Was Neuschwanstein für Oberbayern, ist der Gerangerfjord für Norwegen: die Touristenattraktion Nummer eins.

Ålesund – Briksdalsbreen

Geirangerfjord ■ B 8

Es gibt kaum ein anderes Motiv in Norwegen, das so oft abgebildet worden ist wie dieser Fjord mit den berühmten Wasserfällen »Die sieben Schwestern«, »Freier« und »Brautschleier«. Erlebt werden kann der Fjord an Bord der Fähre oder eines Ausflugsschiffes zwischen **Hellesylt** und **Geiranger**. Der bekannte Fjordort ist im Sommer auf Grund des Kreuzschifftourismus jedoch leider vollkommen überlaufen. Für geübte Autofahrer empfiehlt sich die abenteuerliche Fahrt hinauf auf den 1495 m hohen Aussichtsberg **Dalsnibba**. Tolle Aussicht auch vom **Ørneveien** (Adlerweg), der in elf großen Haarnadelkurven direkt bei Geiranger ins Gebirge führt.

Hotel

Union Hotel
Schon Ende des 18. Jh. stiegen in diesem alten Fjordhotel reiche Engländer ab, um den phantastischen Fjordblick zu genießen. Das Hotel ist heute vollständig modernisiert mit Freibad, Hallenbad, Sauna und türkischem Bad. Ausgezeichnetes Restaurant.
Geiranger
Tel. 70 26 30 00, Fax 70 26 31 61
145 Zimmer, 10 Suiten
Luxusklasse (AE, DC, EC, Visa)

Grip ■ B 8

Die kleine rote Stabkirche aus dem 14. Jh. und einige Holzhäuser sind die letzten Zeugen aus jener Zeit, als diese kleine Insel mitten im Meer nördlich von Kristiansund noch bewohnt war. Im Sommer ist sie mit dem Ausflugsschiff von Kristiansund aus erreichbar.

Loen ■ B 8/B 9

Der kleine, gemütliche Ferienort im Inneren des Nordfjordes eignet sich als Ausgangspunkt für die Besteigung des 1848 m hohen Berges **Skåla** – Übernachtung im Turm auf dem Gipfel möglich – und zu den Gletschern **Briksdalsbreen** (→ S. 78) und **Kjenndalsbreen**, der mit dem Ausflugsboot über den idyllischen See **Loenvatnet** erreicht werden kann.

MERIAN-TIP

Trollstigen In einigen der elf Haarnadelkurven dieser mächtigen Gebirgsstrecke kann es einem als Beifahrer ganz schön mulmig werden. Doch keine Angst, diese abenteuerliche Gebirgsstraße südlich von Åndalsnes ist gut befestigt! Unterwegs passiert man den 180 Meter hohen **Stigfossen**. Wenn Sie oben angekommen sind, spazieren Sie auf jeden Fall auch zur Aussichtsplattform östlich der Straße. Von dort sehen Sie bis zum Romsdalsfjord. Anfahrt: ca. 12 km südlich von Åndalsnes (Rv 63) ■ B 8

Molde

23 200 Einwohner

Schon allein wegen des Blickes auf die 87 Gipfel der Romsdalsalpen und den Romsdalsfjord lohnt sich ein Besuch in der »Stadt der Rosen«. Die beste Aussicht hat man vom 406 m hohen Stadtberg Varden. Wer Mitte Juli kommt, kann Moldes bekanntes Jazzfestival erleben.

Essen und Trinken

Vardestua
Gebirgsstube mit leckerem sauren Rahmbrei und toller Aussicht.
Tel. 71 25 10 86
Mitte Mai–Mitte Aug. 12–22 Uhr
Untere Preisklasse

Runde

Auf dieser kleinen Insel leben ca. 170 Menschen und rund 170 000 Vogelpaare. Empfehlenswert ist eine Bootsfahrt rund um die Insel, mit Grotten, Lagunen und steil aus dem Wasser ragenden Felsen.
Anfahrt: nordwestlich von Ulsteinvik

Unterkunft

Runde Camping
Tel. 70 08 59 16, Fax 70 08 58 70
Mitte Mai–Mitte Aug. tgl. 13–15.30 Uhr

Selje

3200 Einwohner

Seljes weißer Sandstrand lässt einen an ganz andere Breitengrade denken. Auf einer Insel vor dem Ferienort mit hübschem Hafen und alten Packhäusern stehen die Ruinen des **Selje Klosters**, im 11. und 12. Jh. von Benediktinermönchen bewohnt und Versteck der irischen Königstochter Sunniva, Westnorwegens Schutzheiliger. 33 km weiter westlich thront das 496 m hohe **Vestkapp**, das westlichste Gebirgsplateau des Festlandes. 15minütige Bootstour zur Ruine; Juni und Aug. 13 Uhr, Juli auch 10.15 und 15.30 Uhr, sonst nach Anfrage ganzjährig
Tel. 57 85 62 63
Fahrkarte 80 NOK, Kinder 45 NOK

Hotel

Selje Hotel
Familienfreundliches Ferien- und Sporthotel, nur wenige Schritte vom Seljer Sandstrand entfernt. Hallenbad und Bootsverleih.
Tel. 57 85 61 07, Fax 57 85 62 72
49 Zimmer
Obere Preisklasse

Strynefjell

An der alten, geschotterten Strynefjellstraße zwischen Grotli und Videseter liegt eines der bekanntesten norwegischen Sommerskigebiete. Direkt von der Straße führt ein Sessellift hinauf zum Gletscher **Tystigen** mit mehreren Sommerloipen. Westlich des Skigebietes beginnt eine abenteuerliche Fahrt über mehrere Haarnadelkurven hinunter ins **Videdalen**.

Trollvegen

Nachdem 1980 der Finne Jorma Öster zum ersten Mal von dieser höchsten senkrechten Felswand Europas mit einem Fallschirm in die Tiefe gesprungen war, sind viele seinem Beispiel gefolgt. Nach einigen Unglücksfällen wurde das Springen jedoch 1986 verboten. Der lotrechte Teil dieser Wand mißt 1000 m und hat einen Überhang von 50 m.
Anfahrt: ca. 10 km südöstlich von Åndalsnes (Rv 9)

Der Norden

Redselig und für norwegische Verhältnisse fast genußsüchtig werden die Menschen im Norden zur Sommerzeit, wenn die Mitternachtssonne scheint. Dann gehen die Uhren eben einfach anders.

Der Norden

Das Nordkap mit seiner phantastischen Mitternachtssonne hat eine enorme Anziehungskraft. Trotz der langen Reise – von Oslo bis zum Nordkap ist es genauso weit (Luftlinie) wie von Frankfurt bis nach Algerien – nehmen viele die lange Anreise in Kauf. Wer will, kann selbstverständlich mit dem Auto im Eiltempo auf der E 6 nordwärts düsen, doch auf dieser »Rennstrecke« lernt man kaum Land und Leute kennen. Daher: Machen Sie, nachdem Sie Trondheim mit seinem berühmten Mittelalterdom hinter sich gelassen haben, hier und da Abstecher zu Norwegens langgestreckter Küste, verweilen Sie in einem der idyllischen Fischerdörfer auf den Lofoten oder Vesterålen, zweigen Sie ab in die unberührte Gebirgslandschaft im Osten mit ihren prächtigen tiefblauen Seen und unzähligen Gipfeln oder auf die karge, baumlose **Finnmarksvidda**, wo die Samen ihre Rentiere weiden lassen. Wer mehr über die Kultur dieses Volksstammes erfahren will, sollte auch in Kautokeino oder Karasjok halt machen.

Zwischen großartigem Naturerlebnis und Touristenrummel: Das Nordkap ist seit langem Traumziel vieler Norwegen-Urlauber.

Hammerfest

F2

9500 Einwohner

Trotz seiner Lage hatte diese nördlichste Stadt der Welt (70° 39'48" nördliche Breite) bereits im 18. und 19. Jahrhundert wichtige Kontakte mit dem Ausland. Es wurde eifrig Tauschhandel mit russischen Bauern betrieben und Fisch nach Mittel- und Südeuropa exportiert, auch errichteten hier mehrere Großmächte eigene Konsulate. 1890 brannte Hammerfest jedoch beinahe vollständig ab, und im Zweiten Weltkrieg blieb nur die kleine **Friedhofskapelle** von deutschen Bomben verschont.

Heute wirkt diese von nackten Bergen umgebene Stadt mit einem der wichtigsten eisfreien Häfen Nordnorwegens eher verschlafen, aber keineswegs ungemütlich. Im **Hafen** ankern hölzerne Fischerboote, und am **Hurtigrutenkai** kann man dem Be- und Entladen der Schiffe der rund 100 Jahre alten Hurtigruten beiwohnen. Lohnenswert ist auf jeden Fall der Aufstieg auf den Stadtberg **Salen**, von dem man einen wunderschönen Blick auf die Stadt und die umgebenden Inseln hat. Die Mitternachtssonne, die in Hammerfest vom 13. Mai bis 29. Juli scheint, sieht man nur von den Bergen nördlich der Stadt. Auch kann eine ganz besondere Mitgliedschaft erworben werden: Im Rathaus können Sie dem **Königlichen Eisbärenclub** beitreten.

Will man nicht mit dem eigenen Wagen zum **Nordkap** fahren, ist eine Mini-Kreuzfahrt von Hammerfest aus eine wirkliche Alternative. Lassen Sie sich aber nicht vom Masserauflauf am Nordkap schockieren! Der Rummelplatz läßt wenig Raum für jene, die einfach nur die Mitternachtssonne genießen wollen.

Der Eingang des Königlichen Eisbärenclubs

Hotel

Quality Hotel Hammerfest
Das renovierte Hotel liegt im
Zentrum direkt am Hafen.
Strandgate 2–4
Tel. 78 42 96 00, Fax 78 42 96 60
53 Zimmer
Obere Preisklasse (AE, EC, Visa)

Sehenswertes

Hammerfest kirke
In dieser architektonisch auffallenden Kirche (1961) sieht man eine intensiv leuchtende Glasmalerei, die wie ein Triangel mit jeweils 8 m langen Seiten geformt ist.
Sommer tgl. 8–20 Uhr

Isbjørnklubben
Wer möchte, kann hier Mitglied des Königlichen Eisbärenclubs werden.
Rathaus
Juni–Aug. Mo–Fr 8–19 Uhr, Sa und So 10–17 Uhr

Meridiansäule
Die Säule wurde auf der Halbinsel Fuglenes zur Erinnerung an die in den Jahren 1816 bis 1852 von Schweden, Rußland und Norwegen gemeinsam durchgeführten Vermessungsarbeiten errichtet.

St. Michaels kirke
Deutsche Freiwillige bauten diese Kirche im Jahr 1958. Die aus 10 000 Mosaiksteinen bestehende Fassade stellt St. Michael und den Drachen darstellt.

Museum

Gjenreisningsmuseet
Ab Juli 1998 kann man im »Wiederaufbaumuseum« mehr über den erneuten Aufbau von Hammerfest nach dem Zweiten Weltkrieg erfahren.

Die Meridiansäule steht auf der Halbinsel Fuglenes.

Essen und Trinken

Turistua Panoramarestaurant
Aussichtsrestaurant am Berg Varden mit Blick auf die Mitternachtssonne.
Tgl. 11–1 Uhr
Mittlere Preisklasse

Service

Hammerfest Turist A/S
Vermittlung von Ausflügen mit Fischerbooten.
Postboks 460, 9601 Hammerfest
Tel. 78 41 21 85, Fax 78 41 19 00
www.hammerfest-turist.no

Nordkapcruise
Abfahrt: 19 Uhr, hin und zurück
640 NOK, Ehepaare 480 NOK,
Kinder 320 NOK
Eintritt Nordkap 175 NOK, Kinder
50 NOK
Tel. 78 40 70 70

Ziele in der Umgebung

Hjemmeluft – Alta museum ■F3

Im Museumsbereich mit einer großen kulturgeschichtlichen Sammlung liegen Felder mit Felszeichnungen aus der Steinzeit. Abgebildet sind vor allem Tierfiguren, die als einzige prähistorische Kulturdenkmäler des Nordens auf der UNESCO-Liste stehen.
Sommerferien tgl. 8–23 Uhr, Juni–Aug. 8–20 Uhr, Sept.–Mai Mo–Fr 9–15 Uhr, Sa und So 11–16 Uhr
Eintritt 40 NOK, Kinder frei

Hotels

Alta Vandrerhjem
Mitbakken 52
Tel. 78 43 44 09, Fax 78 43 44 09
17 Zimmer
Untere Preisklasse

Gargia Fjellstue ■F3
Diese Gebirgsstube liegt mitten in der Wildnis nicht weit entfernt vom lachsreichen Altafluß. Ausgangspunkt für Wanderungen auf der Finnmarksvidda und zum Sautso, Nordeuropas größtem Canyon.
Tel. 78 43 33 51, Fax 78 43 33 36
4 Zimmer/5 Hütten
Untere Preisklasse (Visa)
Anfahrt: Nur mit Auto erreichbar ca. 25 km südlich von Alta (Abzweigung in Tangen)

Service

Destinasjon Alta
Vermittlung von Touren zum Alta Kraftwerk und Bootsfahrten auf dem Canyon Sautso.
Postboks 1327, 9501 Alta
Tel. 78 43 79 99, Fax 78 43 51 84

Karasjok (Kárásjoga Gielda) ■F3

2800 Einwohner

Der Ort gilt als Einfallstor ins Land der Samen. Lohnenswert ist ein Besuch in den **Samiske samlinger**, mit einer großen Ausstellung über die samische Kultur, und in der **Karasjok Husflidssentral**. Hier werden echt samische Kunsthandwerksartikel verkauft. Sowohl in Kautokeino als auch hier findet zu Ostern ein Festival mit Massentrauungen und Rentierrennen statt.
De samiske samlinger
Mitte Juni–Mitte Aug. Mo–Sa 9–18 Uhr, So 10–18 Uhr, sonst Mo–Fr 9–15 Uhr, Sa und So 12–15 Uhr
Eintritt 25 NOK, Kinder 5 NOK

Essen und Trinken

»Stor Gammen«-Restaurant
Hier werden an der offenen Feuerstelle Bidos (Rentiereintopf) und geräucherte Rentierherzen serviert.
SAS Karasjok Turisthotell
Tel. 78 46 74 00
Ostern und im Sommer
Obere Preisklasse

Kautokeino Buovdageaidnu ■F3

3200 Einwohner

Dem Architekten des imposanten **Kulturhauses** wurde 1987 der Norwegische Architekturpreis verliehen. In diesem Zentrum der samischen Bevölkerung gibt es gleich mehrere Kunsthandwerksbetriebe. Am bekanntesten ist die Silberschmiede **Juhls' Silvergallery**. Solange Schnee liegt, werden Rentier- und Hundeschlittenfahrten auf der **Finnmarksvidda** veranstaltet.

Der Norden

Kirkenes ■ G 2
10 000 Einwohner

Einen schlechteren Start konnte der nur elf Kilometer von der russischen Grenze entfernt liegende Grubenort nach dem Zweiten Weltkrieg kaum haben. Die Stadt war 1944 geradezu vollständig von russischen Bomben zerstört worden, und die Bevölkerung war in die unter dem Stadtzentrum liegenden Grotten, unter anderem in die zu besichtigende **Andersgrotta**, und in die Gänge der von 1906 bis 1997 betriebenen **Erzeisengruben** am See **Bjørnevatnet** geflüchtet.

Doch die Stadt wurde wieder aufgebaut, und zwar im typisch nordnorwegischen Nachkriegsstil mit farbenfrohen rechteckigen Holzhäusern auf hohen Grundmauern. Kirkenes, das übrigens weiter östlich als Istanbul liegt, ist jedoch keineswegs nur eine Grubenstadt. Hier liegt die letzte norwegische Anlaufstelle der Hurtigruten, und der Hafen wird im Winter von Eisbrechern freigehalten. Die Öffnung der norwegisch-russischen Grenze hat auch wieder zum aktiven Kontakt mit Murmansk geführt, und das Stadtbild wird heute deutlich vom Handel mit den russischen Nachbarn geprägt. Per Auto, Bus oder Schiff ist es nun auch möglich, für einen Tag oder ein Wochenende Murmansk zu besuchen. Wer nur einmal über die Grenze schauen will, kann zum kleinen Ort **Grense Jakobselv** fahren oder vom Aussichtspunkt Høyde 96 im **Pasvikdalen** einen Blick auf das russische Nikel werfen.

Kein gemütlicher Ort: Kirkenes ist bekannt für seine Eisenerzgruben und als Schauplatz von vier Kriegen innerhalb der ersten Hälfte unseres Jahrhunderts.

KIRKENES – PASVIKDALEN

Hotel

Rica Hotel Kirkenes
Modernes Hotel, zehn Minuten vom Zentrum entfernt.
Pasvikveien 63
Tel. 78 99 14 91, Fax 78 99 13 56
67 Zimmer
Mittlere/Obere Preisklasse (AE, DC, EC, Visa)

Sehenswertes

A/S Sydvaranger
Das Eisenerz, das seit 1906 in den Sydvaranger Gruben gefördert wurde, wurde vor mehr als zwei Milliarden Jahren auf dem Meeresboden abgelagert. Um das Eisenerz unter der Wasseroberfläche zu gewinnen, legte man 1958 den See Bjørnevatnet trocken. Besuche werden durch das Touristenbüro vermittelt.

Essen und Trinken

Arctic Restaurant
Nicht gerade ein Gourmet-Restaurant, aber eines der wenigen Restaurantangebote in Kirkenes. Vor allem Fischgerichte.
Kongensgate 1–3
Tel. 78 99 29 29
Tgl. 15–23 Uhr
Obere Preisklasse (AE, EC, Visa)

Service

Grenseland A/S
Das Touristenbüro vermittelt Tages- und Wochenendausflüge nach Murmansk und besorgt Visa/Expreßvisa (Bestellung 14 bzw. 1–2 Tage vorher). Auch Auskünfte über Reiseeinschränkungen bei individuellen Touren per Auto oder Linienbus.
Storgaten 1, 9901 Kirkenes
Tel. 78 99 25 01, Fax 78 99 25 25
www.tourist.no

Ziele in der Umgebung

Båtsfjord ■ F 2

2600 Einwohner

Der Fischerort im Norden der **Varangerhalbinsel** besitzt Norwegens modernste Anlagen zur Fischverarbeitung, außerdem steht auf dem Aussichtsberg **Hamnafjell** Norwegens höchster Mast (241 m). In der **Båtsfjord kirke** (1971) sieht man eine der größten Glasmalereien Nordeuropas. Bootsausflüge zum verlassenen Fischerort **Makkaur** und zum Vogelberg **Syltefjordstauran** (nördlichste Baßtölpelkolonie der Welt). Übernachtungsmöglichkeit im modernen **Båtsfjord Nye Hotell**, Tel. 78 98 31 00, Fax 78 98 39 18, 23 Zimmer, Obere Preisklasse (AE, EC, Visa).
Anfahrt: 105 km nordwestlich von Tana bru (Rv 390/891)

Grense Jakobselv ■ H 2

An der Mündung des Flusses Grense Jakobselv, der Grenze zu Rußland, wurde die protestantische Kapelle **Kong Oscar IIs kapell** (1869) errichtet, um Norwegens Souveränität zum Ausdruck zu bringen. Phantastischer Blick auf die Barentssee.
Anfahrt: 60 km östlich von Kirkenes (E 105/Rv 886)

Pasvikdalen ■ G 3

Im südlichsten Teil dieses 120 km langen, idyllischen Tales liegt der **Øvre Pasvik Nasjonalpark** mit einem mächtigen subarktischen Kiefernwald, der zur sibirischen Taiga gehört. Vom Aussichtsposten **Høyde 96** (ca. 50 km südlich von Kirkenes) Blick auf das russische Nikel.
Anfahrt: südlich von Kirkenes (Rv 885)

St. Georgkapellet i Neiden G 2

Als der Mönch Trifon im 16. Jh. Finnmarks Samen missionierte, errichtete er diese griechisch-orthodoxe Kapelle.
43 km westlich von Kirkenes (E 6)
Mitte Juni–Mitte Aug.

Vadsø G 2
6300 Einwohner

Im Hafen von Vadsø, dem Verwaltungszentrum der Finnmark, steht der **Luftschiffmast**, von dem aus Ronald Amundsen 1926 mit seinem Luftschiff »Norge« und Umberto Nobile 1928 mit dem Luftschiff »Italia« ihre Expeditionen in die Arktis starteten. Auffallend ist auch die **Vadsø kirke** (1958), deren Kirchentür zwischen zwei Türme, die Eiskolossen gleichen, gezwängt wurde.
Juni–Aug. 9–14 Uhr

Hotel

Rica Hotel Vadsø
Modernes Zentrumshotel in Hafennähe.
Tel. 78 95 16 81, Fax 78 95 10 02
61 Zimmer
Obere Preisklasse (AE, EC, Visa)

Vardø G 2
3000 Einwohner

In Norwegens einziger Stadt, die in der arktischen Klimazone liegt, steht die nördlichste Festung der Welt. Die **Vardøhus festning** wurde 1738 mit sternförmigen Wallgräben und vier Bastionen angelegt. Vardø ist auch die Stadt der Hexen. Im **Vardøhus museum** gibt es eine interessante Ausstellung über die Vardøer Hexenverbrennungen. 80 Frauen endeten hier im 17. Jh. auf dem Scheiterhaufen, weil sie angeblich ein Stelldichein mit dem Teufel gehabt hatten. Nördlich der Stadt liegt der verlassene Fischerort **Hamningberg**. Auf dem Weg dorthin sieht man, wie einstmals die Eismassen während der verschiedenen Eiszeiten gearbeitet haben.

Hotel

Gjestegården Bed & Breakfast
Kleine Frühstückspension direkt in der Hafenausfahrt.
Strandgaten 72
Tel. 78 98 75 29
6 Zimmer
Untere Preisklasse

Die Kapelle Kong Oscar IIs an der russisch-norwegischen Grenze sollte den Übergang zur westlich-protestantischen Weltanschauung demonstrieren.

Narvik ■ E4

18 700 Einwohner

Die Stadt im Norden hat viele Gesichter und vor allem eine lebhafte Geschichte. Begonnen hat alles im Jahr 1902, als die Eisenerzbahn zwischen der schwedischen Grubenstadt Kiruna und Narvik eröffnet worden war. Tausende von Arbeitern zog es schon bald in den bisher unbedeutenden Ort, um in der neueröffneten **Verladeanlage für Eisenerz** zu arbeiten.

Die Spuren des Zweiten Weltkriegs sind unübersehbar

Narvik erlebte eine enorme Blütezeit, die im April 1940 jedoch abrupt aufhörte. Im idyllischen **Ofotfjorden** fanden enorme Seeschlachten statt, und das Tauziehen um Narvik zwischen den Deutschen und Alliierten begann.

Nach der deutschen Besetzung am 9. April 1940 und der Versenkung der norwegischen Panzerschiffe »Norge« und »Eidsvoll« zerstörte einige Tage später die englische Flotte die angreifende deutsche Flotte. Am 28. Mai gingen norwegische, englische, französische und polnische Truppen an Land und eroberten die Stadt zurück. Doch schon zwei Wochen später war Narvik, das nun in Schutt und Asche lag, wieder in deutschen Händen. Die Truppen der Alliierten wurden an der Westfront mehr benötigt als in Narvik und konnten es daher nicht halten.

Narvik wurde aber wieder aufgebaut und der Verladehafen schon 1954 in Betrieb genommen, doch die **Friedenskapelle** (1957), der große **Kriegsgräberfriedhof** und das **Krigsminnemuseet** erinnern weiterhin an das Kriegsgeschehen.

Narvik ist mehr als Krieg und Erz. Im Winter rauschen die Skifahrer auf den Hängen des **Fagernesfjell** hinunter ins Tal, im Sommer fährt man wegen der Mitternachtssonne auf diesen beliebten Stadtberg. Spazieren Sie auch zum Park **Brennholtet** unten am Fjord, und bestaunen Sie dort einen 4000 Jahre alten, beinahe in voller Größe in den Stein geritzten Elch.

Im Zweiten Weltkrieg wurde Narvik heftig umkämpft. Im ausgezeichneten Museum der Stadt wird darüber informiert.

Hotels/andere Unterkünfte

Grand Royal Hotel
Hotel mit vornehm eingerichteten Zimmern, in denen Kinder bis sechs Jahre gratis übernachten können.
Kongensgate 64
Tel. 76 97 70 00, Fax 76 97 70 07
107 Zimmer
Mittlere/Obere Preisklasse (AE, EC, Visa)

Narvik Vandrerhjem Nordkalotten
Jugendherberge mit 2- bis 6-Bett-Zimmern.
Havnegate 3
Tel. 76 94 25 98, Fax 76 94 29 99
123 Betten
Untere Preisklasse

Norlandia Narvik Hotell
Das am Hang unterhalb des Fagernesberges gelegene Sporthotel hat eine eigene Sauna, Skiverleih und Skischule.
Skistuaveien 8
Tel. 76 94 75 00, Fax 76 94 28 65
40 Zimmer
Mittlere Preisklasse (AE, EC, Visa)

Sehenswertes

Fagernesfjellet
Von diesem 650 m hohen Aussichtsberg mit Restaurant kann man bei klarem Wetter sogar die spitzen Berge der Lofoten sehen. Mitternachtssonne vom 10. Juni bis 8. Juli.

LKABs Erzverladehafen
Der heutige Verladehafen von Eisenerz aus dem schwedischen Kiruna wurde 1950 eröffnet. 28 Millionen Tonnen Erz werden hier jährlich auf Schiffe verladen.
Führungen im Sommer tgl. 14 Uhr

Museum

Krigsminnemuseet
Am 9. April 1940 kamen deutsche Zerstörer in den Narviker Hafen und versenkten die norwegischen Panzerschiffe »Norge« und »Eidsvoll«. Dieses Kriegsereignis und der weitere Verlauf des Krieges werden wirkungsvoll durch alte Fotos und anderes Dokumentationsmaterial dargestellt.
März–Mai 11–14 Uhr, Juni– Aug. Mo–So 10–22, Sept. 11–16 Uhr
Eintritt 30 NOK, Kinder 10 NOK

Essen und Trinken

Astrupkjelleren
Fisch- und Fleischgerichte. Spezialität: Seeteufel!
Kinobakken 1
Tel. 76 96 04 02
Tgl. 12–1 Uhr
Mittlere Preisklasse

Service

Auskunft

Narvik Aktiv AS
Kongens gt. 66, 8500 Narvik
Tel. 76 94 33 09, Fax 76 94 74 05

Stadtrundfahrten
Die Stadtrundfahrten beginnen tgl. um 12 Uhr und historische Stadtwanderungen Mo–Fr um 19 Uhr beim Touristenbüro.

Nordlandexpreß
Mit dem Expreßschiff gelangt man innerhalb von 3 1/2 Stunden nach Svolvær, dem Hauptort der Lofoten. Ab Narvik: Mo–Fr 15 Uhr (Anschluß an südwärts fahrendes Postschiff), So 12 Uhr (Anschluß an Bus zu den West-Lofoten). Ab Svolvær: Di–Fr 8 Uhr, Fr auch 21.15, So 18 Uhr
Fahrpreis (eine Strecke) 255 NOK

NARVIK – LOFOTEN

Ziele in der Umgebung

Bodø und Umgebung
39 700 Einwohner D 5

Im Bereich der Hauptstadt des Bezirks Nordland lohnt vor allem der Besuch der **Bodin kirke** (13. Jh.) mit ihrer geschnitzten Altartafel und des **Saltstraumen** 33 km östlich der Stadt. Dieser Gezeitenstrom ist der kräftigste der Welt mit Strudeln von bis zu 10 m Durchmesser. Hübsch ist auch der alte Handelsplatz **Kjerringøy** 40 km nördlich von Bodø. 15 der alten Holzhäuser vom Anfang des 19. Jh. sind restauriert worden.

Harstad
D 4
23 000 Einwohner

Das supermoderne **Kulturhaus** (1992) von Harstad ist ein Teil des vornehmen **Hotels Arcticus** mit seinem gemütlichen Restaurant **Gallionen**. Nördlich dieser nordnorwegischen Filmfestspielstadt stehen die **Trondenes kirke**, Norwegen älteste Steinkirche von 1250 mit drei schönen Altarschränken aus dem Spätmittelalter, und Reste einer Wikingerfestung. Im Stadtteil Trondenes sieht man auch die **Adolf-Kanone**, die größte auf dem Land stationierte Kanone der Welt. 68 Mann bedarf es zur Abfeuerung einer Kugel.

Lofoten
C 5/D 4
9300 Einwohner

Die Inselgruppe mit ihren bis zu 1100 m hohen, teilweise direkt aus dem Meer ragenden Bergen ist ein Eldorado für Künstler. Lohnenswert ist der Besuch des **Nord-Norsk Kunstnersentrum** im Hauptort **Svolvær** und der Ausstellung von Karl Erik Harr, einem der bekanntesten norwegischen Künstler, in Lofotens Hus im idyllischen Fischerort **Henningsvær**. Auf der **Henningsvær Feriebrygge** helfen Köche bei der Zubereitung von selbstgefangenem Fisch mit. Im **Lofotmuseum** in **Kabelvåg**, neben dem ausgegrabenen

Die wunderbare Welt des Nordens: Markenzeichen der Lofoten sind die aus dem Meer aufragenden Felsen und die roten Fischerhütten.

DER NORDEN

Mittelalterort **Vågar** und dem **Lofotakvariet**, erfährt man alles Wissenswerte über die Geschichte der Kabeljaufischerei (Jan.–April).

Zu den schönsten Fischerorten gehören **Nusfjord**, das mit seinen 28 restaurierten Fischerhäusern auf der UNESCO-Liste über erhaltenswerte Kulturdenkmäler steht, außerdem **Reine** und **Å**, die südlichsten Lofotenorte direkt am mächtigen Gezeitenstrom **Moskenesstraumen**. Sehenswert ist auch das Wikingermuseum **Lofotr** in Borg auf Vestvågøy.

Hotel

Ballstad Rorbuer ■ C 4
Originale Fischerhäuser von 1880 bis 1920. Alle Häuser liegen direkt am Wasser und haben eigene Dusche und WC.
Ballstad
Tel. 76 08 81 95, Fax 76 08 88 88
19 Rorbuer
Mittlere Preisklasse

Nyksund i Vesterålen
■ D 4

1977 verließ der letzte Bewohner dieses einstmals vom Kabeljaufang lebende Fischerdorf. Mit Hilfe des Einsatzes europäischer Jugendlicher und der finanziellen Unterstützung u. a. der Stadt Berlin ist hier ein internationaler Treffpunkt entstanden. Sehenswerte Packhäuser am Hafen.
Anfahrt: ca. 45 km nördlich von Sortland, Rv 820/821

Svartisen
■ D 5

Norwegens zweitgrößten Gletscher (370 qkm) erreicht man am besten vom Süden aus. Nachdem man mit dem Boot den See **Svartisvatnet** überquert hat, sind es noch 3 km bis zum Gletscherarm **Østerdalsisen**.
Anfahrt: 32 km nördlich von Mo, Abzweigung bei Røssvoll (E 6)
Bootsfahrten: Mitte Juni–Ende Aug.

MERIAN-TIP

Walsafari Einmalig in Norwegen sind die in **Andenes** am nördlichsten Zipfel der Inselgruppe Vesterålen veranstalteten halbtägigen **Walsafaris**. Wer Glück hat, kann aus direkter Nähe u. a. Schwertwale und bis zu 20 Meter lange und 40 Tonnen schwere Pottwale erleben. Im **Andenes hvalsenter** erfährt man mehr über diese riesigen Tiere. Hier sieht man auch, wie Pottwale Riesenkraken fangen. Buchung von Safaris mindestens zwei Tage im voraus bei: Andøy Reiseliv, Tel. 76 11 56 00, Fax 76 11 56 10, Ticket Erwachsene 625 NOK, Kinder 8–16 Jahre 420 NOK, unter 8 Jahren 200 NOK, Familien- und Studentenrabatt.

Tromsø
E 3

56 600 Einwohner

Manch einer mag sich fragen, wie in aller Welt es möglich ist, eine Stadt, die so weit im Norden liegt und in der mehrere Monate im Jahr Dunkelheit herrscht, »Paris des Nordens« zu nennen. Aber Tromsø hat diesen Titel, den ihr übrigens ein Franzose um die Jahrhundertwende verehrt hat, ohne Zweifel verdient. Reiche Handelsleute ließen sich im letzten Jahrhundert bei ihren Auslandsreisen vom kontinentalen Lebensstil beeindrucken. Eine gewöhnliche Straße wurde zum Boulevard, über die die feinen Damen, bekleidet in der neuesten Mode, flanierten. An keinem anderen Ort im Norden Norwegens gab und gibt es außerdem so viele Restaurants, Kneipen und Diskotheken wie in dieser nördlichsten Universitätsstadt der Welt. Die rund 4000 Studenten der 1972 errichteten Universität tragen natürlich auch einen Teil zur Weltoffenheit dieser Stadt bei. Im Januar veranstalten die Tromsøer außerdem ein internationales Filmfestspiel und das **Nordlysfestival**, um die Rückkehr der seit November verschwundenen Sonne zu feiern.

Doch Tromsø verbindet man nicht nur mit Fest und Lebenslust. Von hier starteten bis Mitte dieses Jahrhunderts Walfänger und auch eine Reihe großer Expeditionen in die Arktis. Von Tromsøs Flugplatz kommt man heute fünfmal in der Woche nach **Svalbard**. Und noch ein Tip für Botaniker: In Tromsø können Sie eine wirkliche Kuriosität bewundern, und zwar die bis zu drei Meter hohe **Tromsøpalme**, die direkt am Straßenrand wächst.

Auch in der monatelangen Polarnacht sorgt der Golfstrom für Temperaturen, die kaum unter –15 °C sinken.

Hotels

Grand Nordic Hotel
Gepflegtes, vornehmes Hotel mit Hafenblick.
Storgata 44
Tel. 77 68 55 00, Fax 77 68 25 00
99 Zimmer
Obere Preisklasse (AE, DC, EC, Visa)

Tromsø Vandrerhjem Elverhøy
Eine billige Alternative in der Nähe des Zentrums.
G. Jønsonsvei 4
Tel. 77 68 53 19, Fax 76 94 29 99
26 Zimmer (77 Betten)
Untere Preisklasse

Spaziergang

Ausgangspunkt: Parkplatz am **Dampskipskaia**, wo täglich das Postschiff anlegt. Biegen Sie links in die Kirkegata ein. Vorbei am kleinen **Domkirkeparken** und der **Tromsø domkirke** (1861) mit 750 Sitzplätzen (!) kommen Sie zur **Storgata** mit hübschen Holzhäusern aus dem 19. Jh. Folgen Sie der Storgata ostwärts, bis Sie zum **Stortorget** kommen, auf dem sich die alten Eismeerfischer treffen. Am Hafen entlang kommen Sie zurück zum Ausgangspunkt. Wenn Sie frische Garnelen mögen, gibt es diese auf der **Flytebrygga**.

Sehenswertes

Ishavskatedralen
Allein das Farbenspiel des 23 m hohen Glasmosaiks dieser Kirche ist einen Besuch wert. Die moderne »Eismeerkathedrale« (1965) am Ende der markanten, 43 m hohen **Tromsøbrücke** symbolisiert die dunkle Jahreszeit und das Nordlicht.
Juni–Aug. Mo–Sa 10–17 Uhr, So 13–17 Uhr

Nordlysplanetarium
Im nördlichsten Planetarium der Welt kann man auf einer großen Leinwand das Nordlicht und andere Himmelsphänomene bewundern. Universitätsgelände auf Breivika
Juni–Mitte Aug. deutsche Videovorführung Mo–Fr 18 Uhr, Sa und So 12 Uhr, sonst Sa und So 13.30 und 15.00 Uhr (auf norwegisch)

Storsteinen
Wer die Mitternachtssonne sehen will, kann bei schönem Wetter im Sommer zwischen 21 und 0.30 Uhr die Gondelbahn auf den 420 m hohen Storsteinen nehmen. Restaurant »Fjellstua«.
Mai–Aug. tgl. 10–1 Uhr
Fahrt 60 NOK, Kinder 30 NOK

Museum

Tromsø Museum
Alles Wissenswerte über die Geologie, Botanik, Zoologie und Archäologie Nordnorwegens, über die samische Bevölkerung und die Arktis.
Folkeparken
Juni–Aug. tgl. 9–21 Uhr, ansonsten Mo–Fr 8.30–15.30 Uhr, Sa 12–15 Uhr, So 11–16 Uhr
Eintritt 20 NOK, Kinder 10 NOK

Essen und Trinken

Arctandria SjømatRestaurant
Regionale Spezialitäten, gemütlich.
Strandtorget 1
Tel. 77 60 07 20
Tgl. 16–24 Uhr
Obere Preisklasse (AE, EC, Visa)

Compagniet Restaurant
Lecker angerichtete Gerichte mit Fisch und Meeresfrüchten.
Sjøgata 12
Tel. 77 65 57 21
Mo–Do 18–22 Uhr, Fr–Sa 18–4 Uhr
Mittlere Preisklasse (AE, EC, Visa)

TROMSØ – SVALBARD

Am Abend

Blå Rock Café
Die Besitzer behaupten, das nördlichste Rock-Café der Welt zu betreiben.
Strandgata 14–16
Mo–Do 16–2 Uhr, Fr und Sa bis 4 Uhr, So 17–2 Uhr

Rorbua Pub
Origineller Pub im Radisson SAS Hotel.
Sjøgata 7
Tgl. 12–0.30 Uhr

Service

Auskunft

Destinasjon Tromsø
Storgata 61, 9000 Tromsø
Tel. 77 61 00 00, Fax 77 61 00 10
www.tourist.no

Stadtrundfahrten
Im Sommer werden 2 1/2stündige deutschsprachige Stadtrundfahrten veranstaltet. Abfahrt um 12 Uhr am Dampskipskaia.

Ziele in der Umgebung

Kystfortet
på Storbakken ■ E3

Die Inskriptionen auf diesem im Zweiten Weltkrieg gebauten Küstenfort sind ein Rätsel. Niemand weiß, ob die russischen Gefangenen, die dieses gigantische Festungswerk bauen mußten, eine Botschaft hinterlassen wollten. Die Anlage gehörte zu Hitlers »Festung Norwegen«.
Anfahrt: bei Djupvik (E 6) ca. 20 km nördlich von Olderdalen

Senja ■ D3
1200 Einwohner

An der Westküste von Norwegens zweitgrößter Insel ragen die Berge bis zu 1000 m direkt aus dem Meer. Hier liegt auch der kleine, idyllische Fischerort **Torsken**. Werfen Sie einen Blick in die kleine Kirche von 1773. Einen Teil des Inventars brachten wahrscheinlich Lübecker Hanseaten hierher. Wer keine Angst vor Trollen hat, kann im Ort **Berg** im Nordwesten dem 18 m hohen **Senjatroll** in den Bauch spazieren.
Anfahrt: von Sørreisa (E 6) bis Finnsnes (Rv 86), Brücke

Svalbard
1200 Einwohner

Auf dieser Inselgruppe zwischen dem 74. und 81. Breitengrad – auch nach der größten der fünf Hauptinseln **Spitzbergen** genannt – erlebt man Natur pur. Gletscher, Berge, Tundren, 41 Vogelarten, Polarfüchse, Svalbardrentiere und, wenn man Glück – oder Unglück – hat, auch Eisbären. Ausgangspunkt aller organisierten Touren ist die norwegische Grubenstadt **Longyearbyen**. Ein absoluter Höhepunkt ist der idyllische **Magdalenenfjord** im Westen. Besucht werden können die ehemalige Grubenstadt **Ny-Ålesund**, heute Sitz mehrerer Forschungsinstitute, und die russischen Grubenorte **Barentsburg** und **Svea**.
Anfahrt: 90 Min. mit dem Flugzeug von Tromsø

Service

INFO-Svalbard
Pb. 323, 9170 Longyearbyen
Tel. 79 02 23 03, Fax 79 02 10 20
http://www.svalbard.com/info

DER NORDEN

Trondheim ■ C7

147 200 Einwohner
Stadtplan → Umschlag Rückseite

Eine amerikanische Forschergruppe ernannte vor einiger Zeit Trondheim zur »idealsten« Stadt der Welt. Hier gibt es breite Straßen, niedrige Häuser, gute Luft, die Stadt hat außerdem einen lebhaften Stadtkern – in dem sogar Lachs gefischt werden kann – und gerade die richtige Größe. Ob ideal oder nicht, Norwegens drittgrößte Stadt am breiten Trondheimfjord hat auf jeden Fall eine spannende Geschichte. Bereits 997 wurde sie von Olav Tryggvason am Nidelv als Königsstadt angelegt. Einige Jahrzehnte später wurde sie Wallfahrtsstadt, nachdem die Gebeine des Heiligen Olav 1031 in die Clemenskirke, wo heute Trondheims mächtiger **Nidarosdom** steht, gebracht worden waren. Der 1152 begonnene und 1320 endlich fertiggestellte Dom mit seinem Durcheinander von gotischen und anglonormannischen Stilelementen ist heute Trondheims größte Attraktion.

Die Handels- und Universitätsstadt Trondheim, die auch aufgrund ihrer technischen Hochschule und des Forschungszentrums SINTEF im Ausland bekannt ist, hat aber noch mehr zu bieten. Hübsch sind die **Speicherhäuser** am Nidelv und die **Holzbrücke** von 1861 mit schönen Holzornamenten. Bei gutem Wetter lohnt es sich auch, zur **Kristiansten festning** hinaufzusteigen und den Sonnenuntergang im Westen zu bewundern. Noch ein Tip für Musikfreunde: das **Ringve Museum**, Norwegens einziges musikgeschichtliches Museum.

Der mächtige Nidarosdom ist nicht nur wegen seiner Steinmetzarbeiten an der Westfassade sehenswert. Die zeigen biblische Figuren und norwegische Könige und Bischöfe.

TRONDHEIM

Hotels

Nordlandia Astoria Hotel ◼ c 1
Gepflegtes Stadthotel mitten im Zentrum mit gutem Service.
Nordre gate 24
Tel. 73 52 95 50, Fax 73 52 07 57
51 Zimmer
Obere Preisklasse (AE, EC, Visa)

Bårdshaug Herregård ◼ C 7/C 8
In diesem Herrenhaus (1900) in **Orkanger** können sich die Gäste zwischen Jagdtrophäen aus aller Welt und in der alten Bibliothek von Christian Thams, dem ersten Besitzer, entspannen. Er war Diplomat, Handelsmann und Gründer der Grubenbahn zwischen Løkken und Orkanger.
Orkanger
Tel. 72 47 99 00, Fax 72 43 19 23
60 Zimmer
Anfahrt: 32 km südwestlich von Trondheim (E 39)
Obere Preisklasse (EC, Visa, AE)

**Radisson SAS Royal
Garden Hotel** ◼ c 1
Dieses exklusive Hotel ist in einem architektonisch spannenden Glaspalast mit Atrium untergebracht. Mit Schwimmhalle, Nachtclub und drei Restaurants.
Kjøpmannsgate 73
Tel. 7 38 08 30 00, Fax 73 30 30 50
297 Zimmer, 9 Suiten
Luxusklasse (AE, EC, Visa)

Singsaker Sommerhotell ◼ d 3
Einfaches Bed-&-Breakfast-Hotel in der Nähe der Kristiansten-Festung im Stadtteil Singsaker.
Rogerts gate 1
Tel. 73 89 31 00, Fax 73 89 32 00
105 Zimmer
Untere/Mittlere Preisklasse (AE, EC, Visa)

Spaziergang

Östlich des **Nidarosdomes** spaziert man auf der **Kjøpmannsgate** an der hölzernen roten **Stadtbrücke** (1861) und den am **Nidelv** stehenden restaurierten alten **Speichern** vorbei. Vorbei am Konzerthaus **Olavshallen** zweigt man beim **Schiffahrtsmuseum** links in die Fjordgate ab. Am Fischerhafen entlang bummeln Sie bis zur **Ravnkloa Fischhalle**. Auf der Munkegate kommen Sie zum **Stiftsgården** (1774–1778), Norwegens größtem Holzgebäude und Königsresidenz. Über den Marktplatz mit **Olav-Tryggvason-Statue** und vorbei an der **Vår Frue Kirke** (13. Jh.) gelangen Sie wieder zum Dom.

Sehenswertes

Kristiansten Festning ◼ d 2/d 3
Als der luxemburgische General Caspar de Cicignon nach einem Großbrand im Jahr 1681 die Stadt neu aufbaute, errichtete er auch diese weißgekalkte Festung (1676–1682) im Osten der Stadt.
Juni–Aug. Mo–Fr 10–15 Uhr, Sa und So 11–15 Uhr
Eintritt 10 NOK, Kinder 5 NOK

Munkholmen
Bei schönem Wetter sollte man sich Zeit für eine Bootsfahrt hinaus zur Festung Munkholmen mit Badeplatz und Restaurant nehmen. Der ehemalige Richtplatz von Olav Tryggvason war um 1000 Benediktinerkloster, später Gefängnis und Zollstation.
Abfahrt: Ravnkloa
Bootstouren: Mitte Mai–Aug. tgl. stündlich zwischen 10 und 18 Uhr
Fahrkarte 30 NOK, Kinder 17 NOK

Nidaros Domkirke ◼ c 2/c 3
Dieser mächtige Krönungsdom, dessen ursprüngliche Kirche 1070 über dem Grab Olavs des Heiligen errich-

tet wurde, gehört zu den schönsten gotischen Kirchen Norwegens. Auf Grund mehrerer Brände ist nur noch das Querschiff im romanischen Stil erhalten. Besonders beeindruckend sind die Glasrosette über dem Westportal und die hohen gotischen Fenster sowie die Westfassade.
Mai–Mitte Sept. Mo–Fr 9–15, Sa 9–14, So 13–16 Uhr, Mitte Juni–Mitte Aug. Mo–Fr 9–18.15 Uhr, sonst Mo–Fr 12–14.30, Sa 11.30–14, So 13–15 Uhr. Deutsche Führungen Mo–Fr 11, 14, 16 Uhr (Sommer)
Orgelmusik Sa 13 Uhr
Eintritt 20 NOK, Kinder 10 NOK

Museum

Ringve Museum ▪ c 2
In Norwegens einzigem musikgeschichtlichen Museum im Ringve Herrenhaus (18. Jh.) werden über 1400 Musikinstrumente aus aller Welt ausgestellt.
Deutsche Führungen: Mitte Mai–Mitte Juni 12.30 Uhr, Mitte Juni–Mitte Aug. 13, 15 Uhr, 16.–31. Aug. 12.30, 14.30 Uhr, Sept. 12 Uhr
Eintritt 50 NOK, Kinder 20 NOK

Essen und Trinken

Erichsen konditori & restaurant
▪ c 1
Die Marzipankreationen von Konditor Lars Lian muß man einfach probieren! Bekannteste Konditorei der Stadt.
Nordre gate 8
Tel. 73 87 45 50
Untere/Mittlere Preisklasse

Hos Magnus ▪ c 2
Probieren Sie hier das lecker gewürzte Lachsgericht »Lakseescalope Magnus«! Dieses gute Fischrestaurant liegt in einem alten Speicher am Fluß.
Kjøpmannsgate 63
Tel. 73 52 41 10
Mo–Fr 15–23.30 Uhr, Sa 12–23.30 Uhr, So 13–20 Uhr
Mittlere Preisklasse (AE, EC, Visa)

Palmehaven ▪ b 2
Wer Wert auf Stil legt, ist im Restaurant des Britannia Hotels gut aufgehoben.
Dronningensgate 5
Tel. 73 80 08 00
Mo-Do 11–1Uhr, Fr/Sa 11–1.30 Uhr
Luxusklasse (AE, EC, Visa)

Einkaufen

Arne Rønning ▪ c 1
Stricksachen aus reiner Wolle.
Nordre gate 10

Trondheims Torg
Traditionsreiches Einkaufszentrum direkt am Marktplatz.

Am Abend

Dickens
Gemütliche Kneipe in Trondheims ältestem Speicher.
Kjøpmannsgate 57
Tgl. geöffnet

Utsikten ▪ c 2
Aussichtscafé im 124 m hohen Tyholt-Turm.
Bus 20 und 60.
Mo–Sa 11.30–23.00 Uhr, So bis 18 Uhr

Service

Auskunft

Trondheim Aktivum ▪ c 2
Stadtführungen von Juni bis Aug. tgl. um 12 Uhr. Auch Verleih von Fahrrädern. Hafenrundfahrten.
Trondheim Torg, 7001 Trondheim
Tel. 73 92 93 94, Fax 73 51 53 00
www.trondheim.com/travel/

Ziele in der Umgebung

Fosen ■ C 7

Die Halbinsel Fosen nördlich von Trondheim bietet alles: im Süden Schären, Fjorde und fruchtbares Ackerland, im Inland Gebirge mit fischreichen Seen, außerdem Wälder, soweit das Auge reicht, im Norden das Meer und pittoreske Fischerdörfer zwischen nackten Felsen. Von **Osen** fährt mittwochs ein Boot hinaus zum Leuchtturm **Buholmråsa fyr**. Weiter südlich bei Årnes liegen die zwei bekannten Lachsflüsse **Stordalselva** und **Nordalselva**. Am **Støvelfossen** Aussichtstribüne an der Lachstreppe. Sehenswert sind auch die restaurierten Speicher im kleinen Fischerdorf **Råkvåg** im Inneren des **Sørfjordes**.
Anfahrt: Fähre Flakk (13 km westlich von Trondheim) – Rørvik

Hotel

Fosen Fjord Hotel
Dieses nette Hotel an der Mündung des Flusses Stordalselva ist ein idealer Standort für Lachsfischer.
Åfjord
Tel. 72 53 19 00, Fax 72 53 17 80
42 Zimmer
Mittlere Preisklasse (EC, Visa, AE)

Leirfall Felszeichnungen ■ C 7

Einmalig ist hier eine in Stein geritzte Gruppe von 13 Menschengestalten. Die drei kleinsten Figuren stellen Maskentänzer dar, die wachstumsfördernde Rituale ausführen. Sonnen-, Schiffs- und Reiterfiguren von 1500–500 v. Chr.
Anfahrt: bei Hegra 13 km östlich von Stjørdal (E 14)

Namsen Lakseakvarium ■ D 7

Entlang der 291 m langen Lachstreppe am 35 m hohen **Fiskumfossen** kann man Lachse springen sehen. Im Lachsmuseum direkt am Wasserfall befinden sich mehrere Aquarien. Eine Kuriosität ist der »Nams-Blank«, der im mächtigen Lachsfluß **Namsen** lebt und nicht wie andere Lachse nur zum Laichen vom Meer in den Fluß kommt.
Anfahrt: 11 km nördlich von Grong (E 6)
Mitte Mai–Mitte Aug. tgl. 10–22 Uhr, Vor- und Nachsaison kürzer
Eintritt 30 NCK, Kinder 10 NOK

Stiklestad ■ C 7

Olav der Heilige, der Norwegen Anfang des 11. Jh. christianisierte, fiel hier am 29. Juli 1030. Den Todesstoß soll er angeblich dort erhalten haben, wo heute der Altar der **Stiklestad kirke** (1180) mit interessanten Kalkmalereien aus dem 18. Jh. steht. Auf der Freilichtbühne mitten im **Stiklestader Freilichtmuseum**, in dem 350 Jahre alten Gebäude und eine hübsche **katholischen Kapelle** (1930) stehen, wird jedes Jahr Ende Juli das »Schauspiel über den heiligen Olav« aufgeführt. Im neuen **Kulturhaus** (1992), das einer Wikingersiedlung gleicht, wird in einem Mauergang mit enormen Licht- und Lauteffekten der Verlauf der Schlacht von Stiklestad gezeigt.
Anfahrt: 6 km östlich von Verdal (Rv 757)
Juli–Mitte Aug. 9–20 Uhr, sonst Mo–Fr 9–16, Sa und So 11–18 Uhr
Eintritt 60 NOK mit Guide für Kirche, Museum und Kulturhaus, Kinder 30 NOK, Senioren 50 NOK

MIT DEM FAHRRAD

Hochgebirgstour auf dem Rallarvegen

Der Rallarvegen führt an der Bahnstrecke von Oslo nach Bergen entlang.

Dünne Reifen und Sommerbekleidung sollte man auf dem 80 Kilometer langen Rallarvegen über Nordeuropas Gebirgshochfläche Hardangervidda zwischen Haugastøl und Flåm lieber zu Hause lassen. Der zumeist aus gestampftem Sand und Kies bestehende Weg, der Anfang dieses Jahrhunderts von Bauarbeitern (**rallare**), die die 1909 eröffnete Eisenbahnlinie **Bergensbanen** zwischen Bergen und Oslo bauten, angelegt und seit 1974 auch Radfahrern zugänglich gemacht wurde, gilt als eine der aufregendsten Fahrradstrecken Norwegens. Die meisten bevorzugen, ab Haugastøl oder Finse – erreichbar mit der Bahn von Bergen oder Oslo – in Richtung Westen zu fahren.

Langsam aufwärts gen Westen

Abstecher zum Gletscher Hardangerjøkulen

Die ersten 27 Kilometer ab Haugastøl (988 Meter) bis Finse gehören eher zum gemütlichen Teil der Radtour, die zumeist an der Eisenbahnlinie entlangführt. Nach einem Abstecher von Finse zum Fuß des Gletschers **Hardangerjøkulen** (zu Fuß hin

Wenn auf der Hochfläche des Rallarvegen noch Schnee liegt, blühen im Frühjahr am Fjord schon die Obstbäume

und zurück ca. 2–3 Stunden) oder einer geführten Gletscherwanderung und der Übernachtung in der **Finsehytta** (Tel. 56 52 67 32, Fax 56 52 67 60, geöffnet Ostern und im Sommer, 150 Betten, Mittlere Preisklasse, AE, DC, EC, Visa, Vermittlung von Gletscherführungen) beginnt am nächsten Tag die 21 Kilometer lange Etappe zwischen Finse und Hallingskeid, entlang der bis weit in den Juli noch Schnee liegen kann. Nach rund zehn Kilometern kann man im Wärterhäuschen von **Fagernut** bei Suppe und Waffeln eine Pause einlegen, bevor man in der kargen Gebirgsnatur zum auf 1110 Meter liegenden Bahnhof von **Hallingskeid** weiterstrampelt. Wer möchte, kann hier in einer Hütte des norwegischen Wandervereins DNT (für Selbstversorger) übernachten.

Von Finse nach Hallingskeid

Westnorwegische Natur

Die letzten 32 Kilometer bis Flåm sind ohne Zweifel die aufregendsten dieser Tour. Der Weg schlängelt sich nun durch typisch westnorwegische Natur mit tosenden Wasserfällen, schmalen Schluchten und schroff in den Himmel ragenden Bergen. Auf den letzten 20 Kilometern entlang der **Flåmsbanen** hinunter zum **Aurlandsfjord** und nach **Flåm** werden 865 Meter Höhenunterschied überwunden. Hier ist es keineswegs eine Schande, in den allersteilsten Kurven abzusteigen. Gute Bremsen sind auf jeden Fall ein Muß! Im Tal angekommen, kann man sich dann im **Fretheim Hotell** (→ S. 111) verwöhnen lassen.

Von Hallingskeid bis Flåm

Fahrradzug: ca. 1. Juni–20. Sept., tgl. 8.25 Uhr ab Geilo
Fahrradverleih: ca. 160–190 NOK/Tag, mehrere Tage Rabatt
Geilo Aktivitetsguiding, Tel. 32 08 84 65, Haugastøl
Vegmannsbu Turistsenter, Tel. 32 08 75 64
Auskunft: Geilo Turistkontor, Pb 3, N-3580 Geilo, Tel. 32 09 13 00
Dauer: 2–3 Tage
Karte: → Klappe vorne ■ 39

Zu Fuss

Über den Besseggen

Natur pur erschließt man sich zu Fuß am besten – erst recht in der spektakulären Bergwelt Norwegens.

Ausgangspunkt für eine Wanderung über den Besseggen ist die Touristenhütte **Gjendesheim** (Tel. 61 23 89 10, Fax 61 23 89 65, 145 Betten, Untere Preisklasse) zwei Kilometer westlich des Rv 51, rund 70 Kilometer nördlich von Fagernes. Nehmen Sie morgens das Motorboot »MS Gjende« über den idyllischen See **Gjende** zur 35 Minuten entfernt liegenden Touristenhütte **Memurubu** (Tel. 61 21 15 73, 135 Betten, Untere Preisklasse), die 1008 Meter über dem Meeresspiegel liegt. Folgen Sie dem roten »T«, der Markierung des norwegischen Wandervereins, ostwärts.

Beginnen Sie nun den Aufstieg über den mächtigen Bergrücken zwischen den beiden Seen **Gjende** und **Bessvatnet** hinauf zum 1740 Meter hoch gelegenen **Veslefjell**. Der Weg ist gut befestigt, jedoch sehr schmal. Beim Abstieg hinunter blickt man auf die Gebirgshochebene **Valdresflya**. Für diese Wanderung benötigen Sie festes Schuhwerk.

Dauer: Tagesausflug
Karte: → Klappe hinten

Einmal im Leben muß jeder Norweger über den Besseggen gewandert sein

MIT DEM AUTO

In die Welt der Fjorde

Eine wunderbare Reise entlang der zerklüfteten Küste erwartet Sie im westnorwegischen Fjordland.

Auf dieser rund 480 Kilometer langen Strecke erlebt man sowohl hohe Gebirgspässe als auch tief eingeschnittene Fjorde. Unterwegs kann man Abstecher zu gleich mehreren Gletschern machen oder in einem der vielen kleinen Fjordorte einfach einige Tage entspannen.

Ausgangspunkt ist **Lom** am Rv 15. Nehmen Sie den **Sognefjellveien** (Rv 55) in Richtung Süden. Durch das fruchtbare **Bøverdalen** kommen Sie schon bald zur Abzweigung zur Gebirgshütte **Juvasshyta**, die sich als Ausgangspunkt zur Besteigung des 2469 Meter hohen **Galdhøpiggen**, Norwegens höchstem Berg, eignet. Der Rv 55 steigt jetzt langsam an. Im Osten tauchen nun die meist mit Schnee bedeckten Gipfel des **Jotunheimen Nasjonalparks** auf. Bei der **Sognefjellhytta** (1440 Meter) – von hier kann man in vier Stunden zum Gletscher **Fannaråki** wandern – erreicht man den höchsten Punkt der Gebirgsstrecke. Nach rund 20 Kilometern beginnt bei Turtagrø der steile, kurvige Abstieg hinunter zum **Lustrafjorden**. Kurz vor Skjolden steht an der Straße ein Gedenkstein an den österreichischen Philosophen Ludwig Wittgenstein, der auf der anderen Seite des Sees Eidsvatnet seine Hütte hatte. Lohnenswert ist ein Abstecher zur **Urnes stavkirke** und zum Gletscher **Nigardsbreen** (→ Lom, S. 60).

Abstecher zu Norwegens höchstem Berg

Wo Aprikosenbäume blühen

Am Lachsfluß Årøyelva entlang kommen Sie nach **Sogndal** (ca. 4500 Einwohner), das wichtigste Handels- und Verwaltungszentrum im inneren **Sognefjord**, der mit seinen 205 Kilometern Länge Norwegens längster Fjord ist. Im **Sogndal Hotell** (Tel. 57 67 23 11, Fax 57 67 26 65, 109 Zimmer, Obere Preisklasse, EC, Visa, AE) gibt es abends

Sogndal, Zentrum im Sognefjord

MIT DEM AUTO

ein leckeres kaltes Buffet. Folgen Sie nun dem Rv 55 in Richtung **Hermansverk**. Entlang des Fjordes werden Sie zahlreiche Obstbäume entdecken. Aufgrund des Golfstromes ist das Klima hier so warm, daß sogar Aprikosen und Walnüsse wachsen können.

Baldergarten, Ausflug ins Reich der Sagen

In **Leikanger** liegt der **Baldergarten**, ein Heiligtum des Lichtgottes Balder, in dem Fridtjov Torsteinsson, der bekannteste Wikinger des Sognefjordes, einstmals heimliche Stelldichein mit der verheirateten Ingebjørg gehabt haben soll. Erst als Ingebjørgs Mann tot war, kamen die beiden Liebenden zueinander. Auf der Südseite des Fjordes, direkt am Fähranleger von Vangsnes, hat man dem bekannten Wikinger sogar eine riesengroße Statue errichten lassen. Der Spender für diesen Koloß war übrigens Kaiser Wilhelm II., ein vielgesehener Gast im Sognefjord und vor allem im Kvikne's Hotel im idyllischen Fjordort **Balestrand**, (→ MERIAN-TIP, S. 15), acht Kilometer westlich der Anlegestelle von Dragsvik (Überfahrt von Hella zehn Minuten).

Abenteuerliche Paßstraße

Der Rv 13 schraubt sich jetzt über eine steile Paßstraße hinauf ins **Gaularfjellet** (höchster Punkt 748 Meter). Wenn Sie oben angekommen sind, werfen Sie auf jeden Fall nochmals einen Blick hinunter ins Tal.

Folgen Sie weiterhin dem Rv 13 vorbei am tosenden **Vallestadfossen** nach Vassenden. Auf der E 39 fahren Sie dann am idyllischen **Jølstervatnet** nach **Skei**. Unterwegs können Sie mit dem Boot zum **Astruptunet**, dem ehemaligen Hof, heute Galerie, von Nicolai Astrup (1880–1928), einem der bedeutendsten norwegischen Maler des 20. Jahrhunderts, übersetzen. In **Audhild Vikens vevstove** gibt es gewebte Teppiche und handgefertigte Stricksachen. Im **Skei Hotel** (Tel. 57 72 81 01, Fax 57 72 84 23, 80 Zimmer, Obere Preisklasse, AE, EC, Visa) wird ausgezeichnete Forelle serviert. Machen Sie auch einen Abstecher zum kleinen Fjordort **Fjærland** und einen Ausflug zu den Gletschern **Suphellebreen** und

Kunst und Kunsthandwerk in Skei

Bøyabreen, beides Arme des großen Jostedalsbreen. Der 6,4 Kilometer lange Tunnel nach Fjærland, wo auch ein Gletschermuseum liegt, führt teilweise unter dem Gletscher hindurch. Übernachten können Sie im **Mundal Hotel** (Tel. 57 69 31 01, Fax 57 69 31 79, 58 Betten, Obere Preisklasse, AE, EC, Visa), einem stilvollen Holzgebäude.

Gletscher und Sommerski

Ein wirklicher Höhepunkt sind die beiden Ferienorte **Olden** und **Loen** im Inneren des **Nordfjordes**, erreichbar auf dem Rv 60 über Byrkjelo. Nehmen Sie sich auf jeden Fall Zeit für den **Briksdalsbreen** (→ S. 78). Sehr zu empfehlen ist auch die Bootsfahrt über den hübschen See **Loenvatnet** zum **Kjenndalsbreen**. Ab **Stryn** mit dem alten, familiären **Visnes Hotel** (Tel. 87 10 87, 12 Zimmer, Mittlere Preisklasse) fahren Sie nun entlang des Strynsvatnet auf dem Rv 15 wieder ostwärts. Hinter Hjelle steigt die Straße langsam an, und Sie passieren die gewaltige, 53 Meter tiefe Schlucht **Jøljuvet**. Durch drei lange Tunnels (4,5, 3,6 und 2,6 Kilometer) geht es nun in Richtung Grotli. Direkt hinter dem letzten Tunnel zweigt der Rv 63 zum **Geirangerfjord** ab (→ S. 80). Wer lieber mitten durchs Gebirge fahren will, kann auch den schmalen, nicht asphaltierten Sommerweg über das **Strynefjellet** nehmen. Unterwegs können Sie im **Strynefjell Sommerskisenter** anhalten (→ S. 81). Bei Grotli kommen Sie wieder auf den Rv 15. Am reißenden Fluß Otta entlang und vorbei am 81 Meter hohen **Pollfossen** gelangen Sie schließlich zurück nach Lom.

Sommerskilaufen im Strynefjell

Dauer: 3 Tage
Karte: → Klappe hinten

MIT DEM POSTSCHIFF

ROUTEN UND TOUREN

Entlang der Küste
Mit dem Postschiff geht es zum nördlichsten Punkt des Landes. Ein unvergeßliches Erlebnis.

Die 2500 Seemeilen lange Reise mit der Hurtigruten hin und zurück zwischen Bergen und Kirkenes gilt als »schönste Seereise der Welt«. Alle, die diese Reise einmal gemacht haben, können dies bestätigen. Insgesamt fahren elf Postschiffe. Alle Kabinen der neueren Schiffe sind mit Dusche/WC ausgestattet. »Kong Harald«, das 1993 zum 100jährigen Jubiläum eingesetzt wurde, gleicht schon eher einem Kreuzfahrtschiff mit mehreren Salons, Sauna und Trimmraum. Am billigsten reist man mit älteren Schiffen, die noch einige Kabinen ohne Komfort besitzen. Auf jedem Schiff gibt es einen Reiseleiter, der Informationen erteilt und Landausflüge veranstaltet. Einige Schiffe nehmen auch Autos mit. Wer plant, von Kirkenes oder auch von unterwegs wieder mit dem Wagen zurückzufahren, sollte jedoch frühzeitig buchen. Dasselbe gilt für Fahrten im Sommer.

Einstmals einzige Verbindung

Am 2. Juni 1893 fuhr das erste Postschiff von Trondheim nordwärts. An Bord waren nicht nur Passagiere und Waren, sondern auch Haustiere. Die Bevölkerung war überglücklich, endlich eine Verbindung zwischen den abgelegenen Fischerorten und Städten entlang der Küste zu erhalten. Reeder Richard With schaffte außerdem, was bisher keinem vor ihm gelungen war: Sein Schiff legte die Strecke Trondheim–Svolvær in 36 Stunden zurück!

Hundert Jahre später trifft man an Deck der Postschiffe vor allem Touristen an, doch werden weiterhin noch Post und Fracht mitgenommen. Während der elftägigen Seereise werden 36 Häfen angelaufen. In den größeren Städten wie Ålesund,

MIT DEM POSTSCHIFF

Trondheim, Bodø und Tromsø bleibt Zeit für längere **Landgänge**, ansonsten reicht es oft nur für ein kurzes Fußvertreten im Bereich des Hafens. Das bunte Treiben im Hafen, das ständig neue Be- und Entladen und neue Passagiere können jedoch auch gut von Deck aus bestaunt werden. Und sollte man auf der Fahrt in Richtung Kirkenes einige Häfen verschlafen, weil sie mitten in der Nacht angelaufen werden, braucht man sich deswegen nicht zu ärgern. Auf der Rückfahrt hält dort das Schiff dann tagsüber. Es ist auch durchaus möglich, nur **Teilstrecken** zu fahren.

Höhepunkte

Das Postschiff verläßt abends um 22 Uhr Bergen. Wer zeitig frühstückt, erlebt am nächsten Morgen dann Norwegens westlichsten Punkt, das **Vestkapp**. Vorbei am berühmten Vogelberg auf der Insel **Runde** kommt man zur Mittagszeit in die Jugendstilstadt **Ålesund**. Da **Trondheim** sowohl bei der Hin- als auch bei der Rückreise frühmorgens angelaufen wird, kann man auch jetzt schon einen Landgang und einen Besuch des mächtigen **Nidarosdomes** einplanen.

Startpunkt Bergen

Nachmittags steht der längste Streckenabschnitt der gesamten Reise an – und eine möglicherweise bewegte Fahrt auf dem offenen Meer! Wenn im Osten der Gletscher **Svartisen** auftaucht, nähert man sich dem **Polarkreis**. Die Passagiere werden anläßlich dieses Ereignisses von König Neptun getauft.

Der Polarkreis rückt näher

Zwischen Nostalgie und Wirtschaftlichkeit: Hurtigruten wird derzeit vom Staat subventioniert

MIT DEM POSTSCHIFF

Die Lofoten

Kurz nachdem das Schiff **Bodø** verlassen hat und Sie vielleicht an einem Ausflug zum Gezeitenstrom **Saltstraumen** teilgenommen haben, kommt ein wirklicher Höhepunkt: Im Westen tauchen nämlich die spitzen Berge der **Lofoten** auf. Abends wird im idyllischen **Stamsund** mit seinen roten Fischerhäusern halt gemacht. Am nächsten Nachmittag sehen Sie schon von weitem die weiße **Ishavskatedralen** von **Tromsø**. Wer Abwechslung vom Essen an Bord wünscht, kann hier im Restaurant **Arctandria** ja mal Seehundfleisch probieren. Am fünften Tag sind Sie bereits in **Hammerfest**, in der nördlichsten Stadt der Welt. Von **Honnigsvåg** lohnt ein kurzer Abstecher zum berühmten **Nordkap**. Bis Kirkenes geht es dann noch vorbei an mehreren hübschen Fischerorten und der Insel **Hornøya**, dem östlichsten Punkt Norwegens (30° 10' 4'' östlicher Breite). Ausführliche Informationen zur Fahrt mit den Hurtigruten finden Sie im Band MERIAN live! »Norwegen mit dem Postschiff«.

Buchungen in Deutschland bei
NSA Norwegische Schiffahrts-Agentur
Kleine Johannisstr. 10
20457 Hamburg
Tel. 0 40/37 69 30, Fax 36 41 77
Preis: Ab 2200 DM in der Doppelkabine (Sommerpreis)

Dauer: 11 Tage
Karte: → Klappe vorne und hinten

71° 10' 21'' nördliche Breite und 307 m hoch gelegen: das Nordkap, die bekannteste Steilklippe Nordeuropas.

MIT BAHN, SCHIFF UND BUS

Von Geilo zum Sognefjord

Auf dieser Rundreise erlebt man alles, was man mit Norwegen verbindet: Gebirge, Gletscher und Fjorde, imponierend steile Eisenbahnstrecken und eine der schönsten Stabkirchen des Landes

Gestartet wird um 11.08 Uhr mit der **Bergensbanen** in **Geilo**, in Norwegens bekanntestem Wintersportplatz unterhalb des 1933 Meter hohen Gebirgsrückens **Hallingskarvet**. In der Nacht zuvor lohnt eine Übernachtung im traditionsreichen **Dr. Holms Hotel** (Tel. 32 09 57 00, Fax 32 09 16 20, 123 Zimmer, 3 Suiter, Obere Preisklasse, AE, DC, EC, Visa).

Bahnfahrt durchs Hochgebirge

Gleich hinter Geilo beginnt der Aufstieg ins Gebirgsdorf **Usteoset**, mit einer großen Anzahl Ferienhütten. Am tiefgrünen Ustevatn entlang geht es weiter nach **Haugastøl**. Durch mehrere Holztunnels, die die Bahnstrecke im Winter vor Schneeverwehungen schützen sollen, und vorbei an zahlreichen kleinen Seen arbeitet sich die Bahn nun nach **Finse** hinauf, das mitten auf der **Hardangervidda**, Europas größter Gebirgshochfläche, liegt. Wer Glück hat, entdeckt sogar wilde

Mächtig erheben sich die Eismassen über den Ort Liland auf der Lofoteninsel Austvågøy.

Mit Bahn, Schiff und Bus

Rentiere. Wenn nicht gerade dicke Regenwolken den Himmel verhängen, sieht man nun linker Hand den prächtigen Gletscher **Hardangerjökulen**. Von Finse braucht man rund eine Stunde zum Gletscher. Organisierte Gletschertouren vermittelt das **Hotel Finse 1222** (Tel. 56 52 71 00, Fax 56 52 67 17, 46 Zimmer mit 2–6 Betten, Obere Preisklasse).

Der nächste Höhepunkt beginnt ein halbe Stunde später in **Myrdal**, das 867 Meter über dem Meeresspiegel liegt. Hier müssen Sie nun in Norwegens bekannteste Eisenbahn, die **Flåmsbanen**, umsteigen, die sich auf einer 20 Kilometer langen Strecke und einem Gefälle von bis zu 5,5 Prozent innerhalb von 50 Minuten vom kargen Hochgebirge bis ins fruchtbare Fjorddorf **Flåm** hinunterbremst. Unterwegs können Fotografen kurz aussteigen, um den 225 Meter hohen **Kjosfossen** zu fotografieren.

Zum König der Fjorde

Umsteigen in Flåm vom Zug aufs Boot

Kaum ist der Zug im Bahnhof von Flåm angekommen, beginnt auch schon eine der schönsten Fjordfahrten Norwegens. An Deck des Expressbootes »Høydalsfjord« gleitet man auf dem **Aurlandsfjord** und über den mächtigen **Sognefjord**, der mit seinen 205 Kilometern Länge Norwegens »König der Fjorde« genannt wird, nach **Kaupanger**. Unterwegs kommt man an **Aurland** vorbei, das auch von Hol, elf Kilometer nordöstlich von Geilo, über den Rv 50 mit dem Bus oder Auto zu erreichen ist. Der kleine Ort **Undredal** am linken Ufer war bis vor wenigen Jahren nur mit der Fähre zu erreichen. Heute sind die Undredaler im Sommer durch einen fünf Kilometer langen Tunnel mit Flåm verbunden.

Abstecher in den schmalen Nærøyfjord

Wer Zeit hat, sollte auf jeden Fall einen Abstecher zum kleinen Ort **Gudvangen** am Ende des **Nærøyfjordes**, einem der schönsten Fjorde Norwegens, unternehmen. Auf Grund der hohen, beinahe senkrecht aufragenden Berge gelangen hier die Strahlen der Sonne nur fünf Monate im Jahr bis hinunter ins Tal. Das Expressboot düst jedoch leider nur an der Mündung dieses idyllischen

Fjordes vorbei. Wer sich diesen Fjord nicht entgehen lassen will, nimmt statt des Expressbootes den Bus nach Gudvangen und von dort die Fähre nach **Kaupanger**. Übernachten kann man in Flåm im **Fretheim Hotell** (Tel. 57 63 22 00, Fax 57 63 23 03, 65 Zimmer, Obere Preisklasse).

Dunkle Stabkirche mit Drachenköpfen

In Kaupanger steigt man schließlich ins dritte Verkehrsmittel dieser Rundtour ein. Bevor der Bus jedoch um 15.30 Uhr abfährt, hat man noch Zeit, um sich die **Kaupanger stavkirke** (Ende Mai–Ende Aug. 10.30–18.30 Uhr) anzuschauen. Im Innenraum der alten Stabkirche von 1180 erkennt man noch die ursprünglichen Hochsäulen, die durch Bogenarkaden verbunden sind. Entlang des bekannten Lachsflusses **Lærdalselva** und vorbei an den vier Lachstreppen am Wasserfall **Sjurhaugfossen** und dem seit 1335 betriebenen **Husum Hotel** (5897 Steinklepp, Tel. 57 66 81 48, 12 Zimmer, Mittlere Preisklasse) mit ausgezeichneter, traditionsreicher Küche geht die Fahrt weiter zur **Borgund stavkirke** (Mai–Sept. 10–17, Juni–Aug. 8–19 Uhr) von 1150, die eine der am besten erhaltenen Stabkirchen Norwegens ist. Besonders auffallend sind die dunkelgeteerten Pultdächer und die grinsenden Drachenköpfe auf den Giebeln. Schauen Sie sich auch den imponierenden Zentralbau im Inneren mit seinen mächtigen zwölf Hochsäulen an. Ein architektonisches Meisterwerk!

Busfahrt ab Kaupanger

Der letzte Teil der Busfahrt führt über das Gebirge in den Wintersportort **Hemsedal** und weiter hinunter in den Ferienort **Gol** im Hallingdal. Wer wieder zum Ausgangspunkt zurück will, steigt nochmals in den Zug nach Geilo. Als Übernachtungsmöglichkeit in Gol ist das **Pers Hotel** (Tel. 32 07 45 00, Fax 32 07 45 99, 150 Zimmer, Obere Preisklasse, und 45 Wohnungen, Badeland, Mittlere Preisklasse) zu empfehlen. Diese Rundtour kann übrigens auch mit dem Zug von Gol aus gestartet werden.

Dauer: 1–2 Tage
Karte: → Klappe hinten

NORWEGEN VON A–Z

WICHTIGE INFORMATIONEN

Auskunft

In der Bundesrepublik Deutschland
Norwegisches Fremdenverkehrsamt
Mundsburger Damm 45
22087 Hamburg
Tel. 0 40/22 71 08 10
Fax 22 71 08 15

In Norwegen
Norges Informasjonssenter
Vestbaneplassen 1
0250 Oslo
Tel. 00 47/22 83 00 50
Fax 22 83 81 50
www.tourist.no

Bevölkerung

Von Norwegens knapp 4,3 Mio. Einwohnern leben rund 1 Mio. im Großraum Oslo, 223 000 in Bergen und ca. 144 000 in Trondheim. Nördlich von Trondheim leben gerade 700 000 Norweger.

Camping

Es ist verboten, Wohnwagen- oder Wohnmobiltoiletten in der freien Wildnis auszuleeren. Zur Entleerung der Toiletten gibt es eigene Sammelstellen. Hier noch einige empfehlenswerte Campingplätze: **Femundsvika Camping** in Femundsenden am Südende des Femundssees, **Loenvatn Feriesenter** am idyllischen Loenvatn im Inneren des Nordfjordes in Westnorwegen, **Sjøsanden Feriesenter** in der Nähe des Sandstrandes Sjøsanden im südnorwegischen Ort Mandal, **Sørlandet Camping** in der Nähe von Risør und **Ulvik Fjordcamping** in Ulvik im Inneren des Hardangerfjordes.

Diplomatische Vertretungen

Tyskland Forbundsrepublikken ambassade ■ c 2, S. 38/39
Oscarsgate 45, 0258 Oslo
Tel. 22 55 20 10, Fax 22 44 76 72
Mo–Fr 9–12 Uhr

Østerriske ambassade (Österreich) ■ a 3, S. 38/39
Ths Heftyes gate 19, 0258 Oslo
Tel. 22 55 23 48, Fax 22 55 43 61

Sveitsiske ambassade (Schweiz) ■ a 2, S. 38/39
Bygdøy allé 78, 0268 Oslo
Tel. 22 43 05 90, Fax 22 44 63 50

Königliche Norwegische Botschaft
Rauchstr. 1, 10787 Berlin
Tel. 030/50 50 50, Fax 50 50 55
– Bayerngasse 3, A-1030 Wien
Tel. 02 22/7 15 66 92, Fax 7 12 65 52
– Dufourstr. 29, CH-3005 Bern
Tel. 0 31/44 46 76, Fax 43 53 81

Feiertage

In Norwegen sind, wie in Deutschland, der 25. und 26. Dezember, der 1. Januar, Karfreitag, Ostermontag, der 1. Mai, Himmelfahrt und Pfingstmontag gesetzliche Feiertage. Frei haben die Norweger auch am Gründonnerstag und am 17. Mai, dem norwegischen **Nationalfeiertag**.

Fernsehen

Norwegens staatliche Rundfunk- und Fernsehgesellschaft NRK hat zwei werbefreie Fernseh- und mehrere Radiokanäle. Norwegen hat außerdem mehrere private, durch Werbung finanzierte TV-Sender. Am beliebtesten sind TV2 und TV3 mit oft guten Spielfilmen. Filme werden in Norwegen grundsätzlich in der Originalfassung mit Untertiteln ausgestrahlt.

Geld

In Norwegen wird mit Øren und Kronen bezahlt. Von den Ørestücken sind nur noch die 50-Ørestücke im Umlauf. Ansonsten gibt es 1-, 5- und 10-Kronenstücke, außerdem 50-, 100-, 500-, 1000-Kronerscheine. Die Einfuhr von Devisen ist unbegrenzt erlaubt, doch will man mehr als 25 000 NOK einführen, muß dies beim Zoll gemeldet werden.

Norwegens größte Banken sind **Den norske Bank (DnB)**, **Kreditkassen** und **Sparebanken Nor**. Die Banken sind von 8.30 bis 15.30 Uhr, im Sommer bis 15 Uhr geöffnet, donnerstags bis 17 Uhr. Euroschecks bis zu 1000 NOK pro Scheck können sowohl in Banken als auch Postämtern eingetauscht werden.

Die gebräuchlichsten Kreditkarten sind EuroCard, Visa, American Express und Master Card, teilweise auch Diners.

Auch an Bankautomaten (**minibank**) können Sie Geld abheben.

Jedermannsrecht

Im Prinzip kann sich in Norwegen jeder frei bewegen, wild zelten und Beeren und Pilze sammeln, doch man muß dafür sorgen, daß die Natur nicht zerstört oder beeinträchtigt wird. Zwischen 15. Juni und 15. September ist es verboten, offenes Feuer zu machen und Vogelschutzgebiete zu betreten. Seitdem Norwegen mehr und mehr von wohnmobilfahrenden Touristen besucht wird, ist auch das wilde Campen auf öffentlichen Rastplätzen eingeschränkt worden.

Kleidung

Zwar hat Norwegen den Ruf, ein verregnetes Land zu sein, doch es kann auch plötzlich richtig warm werden, sogar im hohen Norden. Daher gehören ins Gepäck sowohl die Badehose, dünne T-Shirts als auch ein dicker Pullover, Gummistiefel und Regenzeug. Zum Abendessen in

Wechselkurse

N (Kronen)	D (Mark)	CH (Franken)	A (Schilling)
1	0,25	0,21	1,76
3	0,75	0,63	5,28
5	1,25	1,04	8,80
10	2,50	2,10	17,60
20	5,00	4,20	35,20
50	12,50	10,40	88,00
100	25,00	20,90	176,00
250	62,50	52,10	440,10
500	125,10	104,30	880,10
750	187,70	156,40	1320,20
1000	250,20	208,50	1760,30
3000	750,60	625,50	5280,90
5000	1251,00	1042,50	8801,40

Stand: August 1999

Nebenkosten
(umgerechnet in DM)

- 1 Tasse Kaffee 2,40–3,10
- 1/2 l Bier (Laden) ca. 4,40
- 1/2 l Bier (Restaurant) ab 7,30
- 1/2 l Cola (Laden) ca. 2,20
- 0,35 l (Restaurant) ca. 4,10
- 1 Brot ab 2,20
- 1 Schachtel Zigaretten (20 St.) .... ca. 12,00
- 1 l Benzin (95 Okt. bleifrei) 2,00–2,30
- Mietwagen/Tag (VW Golf, freie Kilometer) .... ca. 145,00

NORWEGEN VON A–Z

besseren Hotels kleiden sich Norweger gerne mit Anzug bzw. Kleid, doch auch sportlichere Kleidung ist zugelassen.

Im Winter und auch im Frühjahr kann es zu unerwarteten Wetterstürzen kommen, daher ist es wichtig, daß man selbst bei kurzen Skitouren immer genügend warme Kleidung in einem kleinen Rucksack bei sich hat. Am besten packt man einen extra Wollpullover, zusätzliche Fausthandschuhe, Fingerhandschuhe, einen Schal und kniehohe Gamaschen ein. Als Unterzeug empfiehlt sich allgemein Wäsche aus Wolle. Im Hochgebirge nie den Sonnenschutz und die Sonnenbrille vergessen, da man sonst schneeblind werden kann!

Medizinische Versorgung

In Ballungsgebieten ist die medizinische Versorgung gut. In West- und Nordnorwegen kann man jedoch nicht damit rechnen, jederzeit gleich in der Nähe eines Arztes oder Krankenhauses zu sein. Die Telefonnummer des ärztlichen Notfalldienstes steht unter **legevakt** auf einer der ersten Seiten des Telefonbuches.

Eine Liste über Hausärzte (**leger**) und Zahnärzte (**tannleger**) finden Sie im gelben Branchenverzeichnis. In einer deutschen gesetzlichen Krankenversicherung Versicherte sollten sich vor der Abreise das Formular »E 111« besorgen. Abgesehen vom Eigenanteil (ca. 110 NOK) wird dann die Arztrechnung komplett von der Krankenversicherung übernommen.

Mitternachtssonne

Schon allein wegen der hellen Nächte und der Mitternachtssonne lohnt sich ein Besuch Nordnorwegens, obwohl die Mitternachtssonne selbst bei den Einheimischen den Tagesrhythmus merkbar verschieben und im schlimmsten Fall sogar zu Schlafstörungen führen kann. In Bodø bleibt es vom 4. Juni bis zum 8. Juli ständig hell, in Tromsø vom 20. Mai bis zum 22. Juli und am Nordkap vom 11. Mai bis zum 31. Juli.

2500 bis 6000 Jahre alt sind die Felszeichnungen von Hjemmeluft, südlich von Alta.

KLEIDUNG – REISEWETTER

Notruf

Die Feuerwehr (**brann**) erreicht man unter der Nummer 111 und die Polizei (**politi**) unter 112, den Krankenwagen (**ambulanse**) unter 113.

Politik

Norwegen ist in der Nachkriegszeit in erster Linie von der Politik der sozialdemokratischen **Arbeiderpartiet** beeinflußt worden, die sich vor allem für den Wohlfahrtsstaat eingesetzt hat. Wichtig ist bei dieser Politik vor allem der Gleichheitsgedanke. Die Arbeiderpartiet ist jedoch keineswegs allein für Norwegens Wohlfahrtsstaat verantwortlich. Viele wichtige Reformen wurden auch in der Zeit, in der die Konservativen das Sagen hatten, durchgeführt. Von Bedeutung ist auch die Zusammenarbeit mit den anderen nordischen Ländern und der Einsatz im Bereich der Umweltpolitik, in der sich vor allem die frühere Ministerpräsidentin Gro Harlem Brundtland einen Namen gemacht hat. Die ehemalige resolute Staatschefin, die – mit einigen Unterbrechungen – von 1986 bis 1997 am Ruder saß, machte vor allem 1986 mit ihrer Frauenregierung Schlagzeilen. Acht der 18 Minister waren damals Frauen!

Eine andere Partei, die seit einigen Jahren eine wichtige Rolle spielt und zwischen 1993 und 1997 Norwegens zweitgrößte Partei war, ist die **Senterpartiet**. Während große Teile des politischen »Establishments« und die meisten Medien und Organisationen für eine EU-Mitgliedschaft plädieren, ist die Senterpartiet Sprecherin für eine breite Volksfront gegen die EU geworden. Als im November 1994 über die EU-Mitgliedschaft abgestimmt wurde, entschied sich das Volk – genauso wie bereits im Jahr 1972 – mit knapper Mehrheit gegen eine EU-Mitgliedschaft. Bei den Wahlen im September 1997 kamen zum ersten Mal seit Jahren wieder die bürgerlichen Parteien ans Ruder.

Post

Postkarten und Briefe bis 20 g kosten nach Deutschland, Österreich und die Schweiz 6,00 NOK mit Luftpost und müssen mit »A-Priortaire/Par Avion« gekennzeichnet werden. Ansonsten zahlt man 5,00 NOK (B-Post). Wer in den Ferien Post bekommen möchte, kann diese unter **poste restante** an das jeweilige Postamt (**postkontor**) schicken lassen. Die Postämter sind meistens vor Mo–Fr 8.15–17 Uhr, im Sommer bis 16.30 Uhr, Sa bis 13 Uhr geöffnet. Auf dem Land muß man mit kürzeren Öffnungszeiten rechnen.

Reisedokumente

Touristen aus EU-Ländern, der Schweiz und Österreich können mit dem Reisepaß oder Personalausweis einreisen. Kinder über zehn Jahre benötigen einen eigenen Kinderpaß mit Bild.

Reisewetter

Zwischen Mitte Mai und Mitte August erlebt man oftmals die trockensten und wärmsten Tage mit bis zu 25 °C im Süden und Osten Norwegens. Auch sind die Nächte dann am hellsten. Im hohen Norden wird es dann überhaupt nicht mehr dunkel. Sobald es jedoch richtig warm wird, beginnt auch die Mückenplage, die bis August anhält und die vor allem Reisenden in Nordnorwegen, im Gebirge und in den Waldgebieten Ost- und Mittelnorwegens die Ferien beeinträchtigen kann. Phantastische Farbenspiele erlebt man im

NORWEGEN VON A–Z

September, doch im Gebirge, wo meist der Schnee erst im Juni wegschmilzt, kann dann bereits schon wieder Schnee fallen. Entlang der West- und Nordküste und in den Fjordgebieten kann es im Sommer auch viel regnen, doch aufgrund des Golfstromes ist das Klima dann trotzdem mild.

Rundfunk

Norwegens staatlicher Rundfunksender NRK bringt auf P1 viele Magazinprogramme, auf P2 Kultur und auf P3 vor allem Programme für junge Leute. Die privaten lokalen Radiosender senden viel Musik und zumeist wenig handfeste Nachrichten.

Sprache

Norwegen hat zwei miteinander verwandte Amtssprachen, die wie das Deutsche zum germanischen Sprachstamm gehören: **bokmål** (Buchsprache) und **nynorsk** (Neunorwegisch). Letztere Sprache ist im 19. Jh. aus westnorwegischen Dialekten entstanden und wird heute noch von rund 20 Prozent der Bevölkerung, vor allem im Westen Norwegens, verwendet. Das bokmål ist eng mit dem Dänischen verwandt, was auf den sprachlichen Einfluß während der rund 400jährigen dänischen Vorherrschaft zurückzuführen ist. Viele der Samen, Norwegens Minoritätsgruppe im Norden, sprechen auch noch Samisch. Die ältesten sprachlichen Funde sind **Runenzeichen** von 200 n. Chr.

Stabkirchen

Norwegens Stabkirchen sind eine Folge der Christianisierung im 10. und 11. Jh. Diese Kirchen mit Außenwänden aus senkrechten Planken, im Inneren mit bis zu 10 m hohen Masten (**stav**), außerdem mit Pultdächern und grinsenden, Dämonen vertreibenden Drachenköpfen sind aus einer regionalen architektonischen Tradition heraus entstanden. Heidnische Symbole

Die genauen Klimadaten von **Lillehammer**

	Januar	Februar	März	April	Mai	Juni	Juli	August	September	Oktober	November	Dezember
Tag Temp. in °C	-5,7	-3,7	1,7	8,0	14,7	19,5	21,6	19,6	14,2	7,0	0,5	-2,9
Nacht	-12,1	-11,4	-7,6	-1,8	3,1	7,8	10,5	9,2	5,0	0,5	-4,1	-8,2
Sonnenstunden pro Tag	1,1	2,0	4,4	6,3	7,1	8,0	7,6	6,6	4,5	2,6	1,3	0,5
Regentage	9	7	5	7	6	11	13	11	10	9	9	11

Quelle: Deutscher Wetterdienst, Offenbach

findet man Seite an Seite mit religiösen. Am schönsten sind die Stabkirchen von **Borgund, Garmo** (Folkemuseum in Oslo) und **Lom**.

Straßennummern

Neben den Europastraßen werden in Norwegen die Hauptstraßen mit Rv (**riksvei**), Nebenstraßen mit Fv (**fylkesvei**) angegeben. 1996 erhielten einige der wichtigsten Europa- und Hauptstraßen neue Nummern: E 39 Kristiansand–Stavanger (bisher E 18), E 134 Stavanger–Haugesund (bisher Rv 1/11), E 39 Haugesund–Bergen–Ålesund–Trondheim (bisher Rv 1), E 136 Dombås–Ålesund (bisher Rv 9), E 134 Kongsberg–Haugesund (bisher Rv 11), Rv 9 Kristiansand–Haukeligrend (bisher Rv 39), E 75 Tana bru–Vardø (bisher Rv 98).

Stromspannung

In ganz Norwegen 220 Volt Wechselstrom. Zwischenstecker sind nicht notwendig.

Telefon

Von allen öffentlichen Fernsprechern, die oftmals in roten Telefonhäuschen untergebracht sind, kann man ins Ausland telefonieren. Die Apparate schlucken 1-, 5- und 10-Kronenstücke, an den meisten müssen jedoch Telefonkarten verwendet werden. Die Telefongebühren fallen ständig, eine Minute abends nach Mitteleuropa kostet derzeit ca. 1,70 NOK. Oder Sie benutzen den Telefon-Service »Deutschland direkt«, wobei der Angerufene die Kosten übernimmt. Wer vom Hotelzimmer aus anruft, muß mit bis zu 100 Prozent Aufschlag rechnen. Bei Inlandsgesprächen zahlt man Mo–Fr zwischen 8–17 Uhr am meisten.

Vorwahlen

N → D 00 49
N → A 00 43
N → CH 00 41
D, A, CH → N 00 47

Telefonauskunft

außerhalb Skandinaviens: 181
Skandinavien: 181

Mobiltelefonnetz

Über eine Million Norweger besitzen bereits ein Mobiltelefon. Norwegens am meisten verbreitetes Netz ist das GMS 900/1800-Netz.

Tiere

Da es in Norwegen bisher noch keine Tollwut gibt und man verhindern will, daß durch Tiere aus anderen Ländern diese Krankheit eingeführt wird, gelten sehr strenge Einreisebedingungen für Hunde und andere Haustiere. Nähere Auskünfte erhalten Sie bei der norwegischen Botschaft oder bei den norwegischen Konsulaten. Wer ein Tier illegal einführt, muß eine Strafe zahlen, wird des Landes verwiesen und riskiert, daß das Tier eingeschläfert wird. Auf den Fähren kostet ein Hund oftmals den halben Fahrpreis und muß im Auto/Wohnmobil bleiben.

Zoll

Da Norwegen kein Mitglied der EU ist, gelten folgende Einfuhrbeschränkungen: Reisende über 16 Jahre dürfen bis zu 200 Zigaretten bzw. 250 g Tabak zollfrei einführen. Ist man 20 Jahre und älter, darf man 2 l Wein bzw. 1 l Wein und 1 l Spirituosen, außerdem 2 l Bier zollfrei einführen. Es ist verboten, frisches Fleisch, Milchprodukte, Eier, Kartoffeln, Tiere (s. o.) und Pflanzen, Waffen, Ausrüstung für Krebsfang und Angelnetze mitzunehmen.

GESCHICHTE AUF EINEN BLICK

ca. 9000 v. Chr.
Altsteinzeit. Erste Spuren von Menschen in Norwegen.

4000–1500 v. Chr.
Jungsteinzeit. Außer Fischern, Jägern und Sammlern gibt es nun auch einige Bauern, die Ackerbau und Viehzucht betreiben. Das Klima wird milder. Korn wird sogar auf den Lofoten angebaut.

1500–500 v. Chr.
Bronzezeit. Wachsende Kontakte mit Ländern im Süden. Gräber und Felszeichnungen aus jener Zeit sind heute noch vorhanden.

0–400 n. Chr.
Römerzeit. Viele leben vom Ackerbau und der Viehzucht.

783–ca. 1050
Die Plünderung des Klosters Lindisfarne auf Holy Island markiert den Beginn der Wikingerzeit. Da die Wikinger neues Land benötigen, nehmen sie die Orkneyinseln, Shetland, Isle of Man und die Hebriden ein und betrachten Grönland, Island, Irland und Schottland als einen Teil des norwegischen Territoriums. Die als Plünderer bekannten Wikinger treten jedoch allmählich als reine Handelsleute auf.

ca. 885
Harald Schönhaar (865–933) besiegt bei der Schlacht am Hafrsfjord die südwestnorwegischen Kleinkönige und ist somit der erste König, der Norwegen zu einem Reich sammelt.

1030
König Olav II. Haraldsson (Heiliger Olav, 995–1030) christianisiert Norwegens Bevölkerung und stärkt somit die Macht des Königs. Er fällt 1030 in der Schlacht bei Stiklestad und wird später zum Heiligen erklärt.

1260
Das norwegische Reich hat nun seine größte Ausdehnung – von Isle of Man und Island im Westen bis Jämtland und Herjedalen (heute schwedisch) im Osten.

1397–1814
Union mit Dänemark. In der Kalmarunion (1397) wird Erik von Pommern zum Regenten über Dänemark, Schweden und Norwegen erklärt. Dänemark erhält am meisten Einfluß. Deutsche und dänische Adelige sichern sich in Norwegen allmählich wichtige Positionen und norwegische Gutshöfe und Ländereien. Ab 1450 ist Dänisch offizielle Schriftsprache.

1469
Norwegen muß seine letzten Territorien (Orkneyinseln und Shetland) an Schottland abgeben.

1536
Norwegen ist nun ein Teil Dänemarks. Der Reichsrat wird abgeschafft, und die Kirche kommt in dänische Hände. Einführung der Reformation. In Norwegen wohnen zu diesem Zeitpunkt nur rund 200 000 Menschen. Auf Grund des Exports von Holz, der Heringsfischerei und des Bergbaus erlebt Norwegen trotz allem einen wirtschaftlichen Aufschwung.

1660
Der Einfluß des Adels wird stark eingeschränkt. König Frederik III. wird König des Reiches Dänemark-Norwegen.

1700–1721
Zeit der großen nordischen Kriege. Norwegen erhält für eine begrenzte Zeit eine eigene Regierung.

GESCHICHTE AUF EINEN BLICK

1807–1814
Dänisch-norwegischer Krieg gegen Großbritannien und Koalition mit Napoleon.

1811
Norwegens erste Universität in Christiania (Oslo).

1814
Im Januar 1814 wird Norwegen im Friedensschluß von Kiel an Schweden abgegeben. Im Mai tritt die erste Reichsversammlung zusammen, und am 17. Mai wird Norwegens erstes Grundgesetz proklamiert. Wahl von Dänemarks Erbprinz Christian Frederik zum König. Norwegen wird jedoch gezwungen, mit Schweden eine Union zu bilden, mit König Karl XIII. auf dem Thron.

1815
Erstes Parlament in Christiania, dem heutigen Oslo.

1905
Die Union mit Schweden wird aufgelöst, und Norwegen wird ein eigenständiger Staat. Dänemarks Prinz Carl besteigt unter dem Namen Haakon VII. Norwegens Thron.

1913
Wahlrecht für Frauen.

1914–1918
Im Ersten Weltkrieg bleibt Norwegen neutral, aber fühlt sich stark mit der Entente verbunden.

1925
Norwegen übernimmt die Souveränität über Svalbard.

1940–1945
Zweiter Weltkrieg. Am 9. April 1940 besetzt Deutschland Norwegen. Der norwegische König flüchtet nach England. Norwegens nördlichster Bezirk Finnmark wird größtenteils dem Erdboden gleichgemacht.

1949
Norwegen tritt der NATO bei.

1950–1970
Starkes Wachstum in der Industrie und im Dienstleistungsbereich. Viele verlassen die abgelegenen Gegenden und ziehen in die Städte.

1971
In der Nordsee vor Norwegens Küste wird nach Öl gebohrt. Norwegen wird Ölnation und wirtschaftlich von den Öleinnahmen abhängig.

1972
Norwegens Bevölkerung stimmt gegen eine EG-Mitgliedschaft.

1986
Ministerpräsidentin Gro Harlem Brundtland bildet eine »Frauenregierung«. Acht von 18 Ministern sind Frauen.

1989
Norwegens Urbevölkerung, die Samen, erhält ein eigenes Samenthing mit direkt gewählten Repräsentanten.

1990
König Olav V. stirbt. Kronprinz Harald wird Nachfolger.

1994
Die Norweger entscheiden sich erneut gegen eine EU-Mitgliedschaft.

1995
Die größte Überschwemmungskatastrophe seit 200 Jahren verwüstet Ostnorwegens Flußtäler.

1997
Bei den Parlamentswahlen im September kommen die Bürgerlichen ans Ruder.

Sprachführer

Worte mit den Anfangsbuchstaben Ø und Å stehen am Ende des Alphabets.
Å wird wie O ausgesprochen,
Æ wie Ä oder offener als E,
Ø als Ö und U wie Ü.
Sie werden sehr schnell feststellen, daß die Norweger Sie sofort duzen, auch auf Deutsch. Das liegt daran, daß in der Landessprache die höfliche Form »De« (Sie) nur sehr selten gebraucht wird.

Wichtige Wörter und Ausdrücke

Ja	*Ja*
Nein	*Nei*
Bitte	*Vær så god*
Danke	*Takk*
Wie bitte?	*Hva sa du?*
Ich verstehe nicht/kein norwegisch	*Jeg forstår ikke/ ikke norsk*
Entschuldigung	*Unnskyld*
Guten Morgen	*God morgen*
Guten Tag	*God dag*
Guten Abend	*God kveld*
Hallo (üblichster Gruß)	*Hei*
Ich heiße ...	*Jeg heter ...*
Ich komme aus Deutschland/ Österreich/ der Schweiz	*Jeg kommer fra Tyskland/ Østerrike/ Sveits*
Wie geht's?	*Hvordan går det?*
Danke, gut	*Takk, bra*
Wer, was, welcher	*Hvem, hva, hvilken*
Wieviel kostet dies?	*Hvor mye koster det?*
Wo ist ...	*Hvor er ...*
Wann	*Når*
Wie lange	*Hvor lenge*
Sprechen Sie Deutsch?	*Snakker du tysk?*
Auf Wiedersehen	*Ha det/farvel*
heute	*i dag*
morgen	*i morgen*

Zahlen und Wochentage

eins	*en/ett*
zwei	*to*
drei	*tre*
vier	*fire*
fünf	*fem*
sechs	*seks*
sieben	*sju/syv*
acht	*åtte*
neun	*ni*
zehn	*ti*
hundert	*hundre*
tausend	*tusen*
Montag	*mandag*
Dienstag	*tirsdag*
Mittwoch	*onsdag*
Donnerstag	*torsdag*
Freitag	*fredag*
Samstag	*lørdag*
Sonntag	*søndag*

Mit und ohne Auto unterwegs

Wie weit ist es nach ...	*Hvor langt er det til ...*
Wie kommt man nach ...	*Hvordan kommer jeg til ...*
Wo ist ...	*Hvor er ...*
... die nächste Werkstatt	*... nærmeste verksted*
... der Bahnhof/ Busbahnhof	*... jernbanestasjonen/bussterminalen*
... die nächste U-Bahn/ Bus-Station	*... nærmeste T-bane/ bussholdeplass*
... der Flughafen	*... flyplassen*
... die Touristeninformation	*... turistinformasjonen/turistkontoret*
... die nächste Bank	*... nærmeste bank*
... die nächste Tankstelle	*... nærmeste bensinstasjon*
Wo finde ich einen Arzt/ eine Apotheke	*Hvor finner jeg en lege/et apotek*
Normalbenzin	*95 oktan*
Super	*Super (98 oktan)*

SPRACHFÜHRER

Diesel	diesel
rechts	høyre
links	venstre
geradeaus	rett fram
Ich möchte ein Auto/Fahrrad mieten	Jeg vil gjerne leie en bil/sykkel
Wir hatten einen Unfall.	Vi har vært utsatt for en ulykke.
Eine Fahrkarte nach ... bitte!	Kan jeg få en billett til ...!
Ich möchte ... DM in NOK wechseln	Kan jeg få vekslet ... tyske mark i norske kroner

Übernachtung

Ich suche ein Hotel	Jeg er på utkikk etter et hotell
Ich suche ein Zimmer für ... Personen	Jeg er på utkikk etter et rom for ... personer
Haben Sie noch Zimmer frei?	Har dere ledig rom?
– für eine Nacht	– for en natt
– für zwei Tage	– for to dager
– für eine Woche	– for en uke
Ich habe ein Zimmer reserviert	Jeg har reservert et rom
Wieviel kostet das Zimmer?	Hva koster rommet?
– mit Frühstück	– med frokost
– mit Halbpension/ Vollpension	– med halvpensjon/ helpensjon
Kann ich das Zimmer sehen?	Kan jeg få se på rommet?
Ich nehme das Zimmer	Jeg tar rommet
Kann ich mit Kreditkarte zahlen?	Kan jeg betale med kredittkort?
Haben Sie noch Platz für ein Zelt/Wohnmobil/einen Wohnwagen?	Har dere ledig plass til et telt/en bobil/en campingvogn?
Ich reise morgen um ... ab	Jeg reiser i morgen klokka ...

Restaurant

Wo gibt es ein gutes Restaurant?	Hvor finner jeg/vi en god restaurant?
Ist dieser Platz noch frei?	Er det ledig her?
Die Speisekarte bitte	Kan jeg/vi få menyen
Die Rechnung bitte	Kan vi få regningen
Ich nehme ...	Jeg tar ...
Ich hätte gerne einen Kaffee	Kan jeg få en kopp kaffe
Wo finde ich die Toiletten (Damen/ Herren)?	Hvor finner jeg toalettet (damer/ herrer)?
Kellner/in	servitør
Frühstück	frokost
Mittagsessen	middag
Abendessen	kveldsmat

Einkaufen

Öffnungszeiten	åpningstider
Wo gibt es ..?	Hvor kan jeg få kjøpt ...?
Haben Sie ...?	Har dere ...?
Wieviel kostet das?	Hva koster det?
Geben Sie mir bitte 100 g/ein Pfund/ein Kilo	Kan jeg få 100 gram/et halvt kilo/et kilo
Danke, das ist alles	Takk, det var alt
Bäckerei	bakeri
Kaufhaus/Einkaufscenter	varehus/kjøpesenter
Metzgerei	slakteri
Haushaltswaren	husholdningsvarer
Lebensmittelgeschäft	kolonialbutikk
Briefmarker für einen Brief/ eine Postkarte nach Deutschland/Österreich/in die Schweiz	Frimerker til et brev/postkort til Tyskland/ Østerrike/ Sveits

ESSDOLMETSCHER

A

akevitt: Kümmelschnaps
ansjos: Sardelle
appelsinjuice: Orangensaft

B

bacon: Schinkenspeck
barnemeny: Kindergericht
biff: Entrecôte
bløtkake: Sahnekuchen
breiflabb: Seeteufel
brennevin: Schnaps
bringebær: Himbeere
brunost: Mischung aus Kuh- und Ziegenkäse
brus: Limonade
brød: Brot

C

cider: Apfelmost

D

dagens rett: Tagesgericht
dessert: Nachtisch
drikk: Getränk

E

egg: Eier
eggerøre: Omelett
elgkjøtt: Elchfleisch
eplemost: Apfelsaft
ertestuing: Erbsenpüree

F

fisk: Fisch
fiskeboller: Fischklöße
fiskekaker: Fischfrikadelle
fiskepudding: Fischpudding
flatbrød: dünnes Knäckebrot
fløte: Sahne
forrett: Vorspeise
frokost: Frühstück
fårikål: Eintopf aus Hammelfleisch und Kohl

G

gaffel: Gabel
gammelost: alter Käse, Handkäse
gatekjøkken: Imbiß
glass: Glas
gravlaks: gebeizter Lachs
grovbrød: Vollkornbrot
grønnsaker: Gemüse

H

H-melk: (frische) Vollmilch
hare: Hase
hjort: Hirsch
hovedrett: Hauptgericht
husets vin: Wein des Hauses
hvalkjøtt: Walfleisch
hvitvin: Weißwein

I

is: Eis

J

jordbær: Erdbeeren
juice: Fruchtsaft; meint Orangensaft
julebord: Weihnachtsbuffet

K

kaker: Kuchen
kalvesteik: Kalbsbraten
karaffelvin: Wein des Hauses
kjøtt: Fleisch
kjøttdeig: Hackfleisch
kjøttkaker: Frikadellen
kjøttpudding: Hackfleisch-»Pudding«
kniv: Messer
kokt: gekocht
krabber: Krabben
kreps: Krustentier
kryddersild: Bismarckhering
kulturmelk: Buttermilch
kveite: Heilbutt
kveldsmat: Abendbrot
kylling: Hähnchen
kål: Kohl

L

laks: Lachs
lammekjøtt: Lammfleisch
lapskaus: Labskaus
lefse: weiches, fladenartiges Gebäck
lettmelk: Magermilch
lettøl: Bier mit niedrigem Alkoholgehalt
leverpostei: Leberwurst
lunsj: kleine Mahlzeit mittags
lutefisk: eingelegter Stockfisch
løk: Zwiebeln

M

majones: Mayonnaise
makrell: Makrele
melk: Milch
middag: warmes Abendessen
multebær: Moosbeeren

O

ost: Käse
ovnsrett: überbackenes Gericht

P

pannekaker: Pfannkuchen
pepper: Pfeffer
pinnekjøtt: geräucherter Hammelbraten
pisket krem: Schlagsahne
plommer: Pflaumen
poteter: Kartoffeln
pære: Birne
pølse: Wurst
pølse og potetstappe: Wurst und Kartoffelbrei
påfyll: zweite Tasse Kaffee
pålegg: Aufschnitt

R

raspeballer: Kartoffelklöße
reinsdyrkjøtt: Rentierfleisch
reker: Garnelen
ris: Reis
rundstykker: Brötchen
rype: Schneehuhn
rødspette: Scholle, Goldbutt
rødvin: Rotwein
røkt: geräuchert
rømmegrøt: Sauerrahmbrei

S

saft: Konzentrat für Fruchtgetränk
salt: Salz
saus: Sauce
sei: Seelachs
sild: Hering
sjokolade: Schokolade
skalldyr: Schalentiere, Krebse usw...
skinke: Schinken
skje: Löffel
skjell: Muscheln
smør: Butter
smørbrød: belegtes Brot
sopp: Pilze
spekemat: Schlachtplatte aus Gepökeltem, Dörr- oder Rauchfleisch
steinbit: Seewolf
stekt: gebraten
søt: süß

T

tallerken: Teller
te: Tee
torsk: Dorsch
tyttebær: Preiselbeere
tørrfisk: Stockfisch
tørt: trocken

V

vafler: Waffeln

Ø

øl: Bier
ørret: Forelle

Å

ål: Aal

Orts- und Sachregister

Wichtige Informationen

Hier finden Sie die in diesem Band beschriebenen Orte und Ausflugsziele. Außerdem enthält das Register wichtige Stichworte, landessprachliche Bezeichnungen sowie alle Tips dieses Reiseführers. Wird ein Begriff mehrfach aufgeführt, verweist die **fett** gedruckte Zahl auf die Hauptnennung. Die **Zahlen-Buchstaben-Kombinationen** nach den Seitenangaben verweisen auf die Planquadrate der Karten in den Umschlagklappen.

A
A/S Sydvaranger (Kirkenes) 87
Akershus festning (Oslo) 36, 40
Akvarium (Bergen) 66
Alta museum (Hjemmeluft) 85f; E3
Angeln 24
Anreise 11
Arendal 35; C10
Atlanterhavsveien 77, 78; B8
Aulestad 54, **56**; C9
Aurland 110; B9
Aurlandsfjord **101**, 110
Autofahren 11, 12
Autorundfahrt 103
Avaldsnes 75; B10

B
Balestrand 104; B9
Baneheia (Naturpark) 31
Baroniet Rosendal 70; B10
Bergen 65; B9
Bergen Billedgalleri 65
Bergenhus festning (Bergen) 67
Bergstaden (Røros) 62
Bergsteigen 27
Beseggen 102; C9
Bessvatnet 102; C9
Bjørnstad-Hof (Maihaugen) 55
Blaafarveværket 46; C9/C10
Blefjellet 52
Blindleia 31, **33**

Bodø **91**, 107; D5
Borgund 111; C9
Briksdalsbreen **78**, 80, 105; B8/B9
Bryggen (Bergen) 65, **67**
Bryggens museum (Bergen) 68
Busverbindungen 11, 13
Bygdin 59; C9
Byglandsfjorden 35
Båtsfjord 87; F2
Bøverdalen 103
Bøyabreen 104

C
Café Asylet (Oslo, Tip) 46
Café 33 Selius Corner (Oslo, Tip) 46
Campinghütte 15
Citadelløya 50

D
Dalen 53
Dalsnibba 80

E
Eidfjord 71; B9
Eidsvoll verk 46; D9
Einkaufen (Tip) 19, **20**
Eisenbahnverbindungen 11, 13
Elgå 63; D8
Emanuel Vigelands Museum (Oslo) 42
Entfernungstabelle 13
Eßdolmetscher 122
Essen und Trinken 16

F
Fagernesfjellet (Narvik) 89, **90**
Fagernut 101
Fährverbindungen 11, 12
Fahrräder 13
Fahrradtour 100
Fannaråki 103
Fantoft stavkirke (Bergen) 68
Felszeichnungen (Leirfall) 99
Femunden 63; D8
Ferienhütten 15
Feste 28
Festspiele 28
Finse 109; B9
Fjorde 10, **103**
Fjærland 104
Flekkefjord 32; B11

Flugverbindungen 11, 13
Fløibanen (Bergen) 68
Flåm 101, 110; B9
Folkemuseet (Oslo) 42
Folkesjela 8
Fosen 99; C7
Fram Polarskipet (Oslo) 42
Fredrikstad 46; D10
Freizeit 23
Fåberger Fischerkapelle (Maihaugen) 55

G
Galdhøpiggen 58, **59**, 103; B9/C9
Gamle Aker kirke (Oslo) 41
Gamle Stavanger 73
Garmo Stabkirche (Maihaugen) 55
Gaularfjellet 104
Gaustatoppen 53
Geilo 109; C9
Geirangerfjord 80; B8
Geschichte 118
Getränke 16
Gjende 102
Gjenreisningsmuseet (Hammerfest) 84
Gletschermuseum (Nigardsbreen) 60
Gol 111; C9
Golf 24
Golå 56
Grense Jakobselv 86, **87**; H2
Grieg, Edvard 65
Grimstad 33; C11
Grip 80; B8
Gudvangen 110

H
Hå Gamle Prestegård 75; B10
Hallingskarvet 109
Hallingskeid 101
Hamar 56; D9
Hammerfest **83**, 108; F2
Hammerfest kirke 84
Hamningberg 88; G2
Hanseatisk Museum (Bergen) 67, **68**
Hardangerfjord 70; B10
Hardanger Folkemuseum (Utne) 70
Hardangerjøkulen **100**, 110
Hardangervidda **35**, 109;

Orts- und Sachregister

C9
Harstad 91; D4
Haugastøl 109
Hedmarkmuseum
 (Hamar) 56
Hellesylt 80
Hemsedal 111
Henningsvær 91; C4
Hermansverk 104
Hjemmeluft 85; F3
Holmenkollbakken
 (Oslo) 41
Honningsvåg 108
Hornøya 108
Hotels 14
Hovden 35
Hunderfossen 54
Hunderfossen Familiepark (Fåberg) 22; C9
Hundeschlittenfahren 24

I
Ibsen Henrik 50
Ibsen Museum (Oslo) 42
Ibsenhuset (Grimstad) 33
Isbjørnklubben (Hammerfest) 84
Ishavskatedralen
 (Tromsø) 94

J
Jomfruland 31
Jonsknuten 52
Jostedalsbreen 60, **78**; B9/C8
Jotunheimen 51
Jotunheimen Nasjonalpark **58**, 59, 103
Jugendherbergen 15
Jugendstilhäuser
 (Ålesund) 78
Jæren **64**, 72; B11
Jøljuvet 105

K
Kabelvåg 91
Kajakfahren 24
Kanufahren 24
Kárásjoga Gielda 85; F3
Karasjok 85; F3
Kaupanger 110
Kautokeino 85; F3
Kinder 21
Kirkenes 86; G2
Kjenndalsbreen **80**, 105
Kon-Tiki Museet (Oslo) 42
Kongelige Mynts Museum (Kongsberg) 52, **53**

Kongens gruve
 (Kongsberg) 52, **53**
Kongsberg 51, **52**
Kongsberg kirke 53
Kragerø 31
Krigsminnemuseet
 (Narvik) 90
Kristiansand 31
Kristiansand Dyrepark
 22, **31**
Kristiansten festning
 (Trondheim) 97
Kunstnersentret i Oppland (Lillehammer) 54
Kvikne´s Hotel Balholm
 (Balestrand, Tip) 15; B9
Kystfortet på Storbakken
 95; E3

L
Larvik 49
Larvik Bymuseum 49
Leikanger 104; B9
Leirfall Felszeichnungen
 99; C7
Lesetip 10
Lillehammer 51, **54**; C9
Lillehammer Kunstmuseum 55
Lillesand 33; C11
Lindesnes fyr 34; B11
Lista-Gebiet 64
LKABs Erzverladehafen
 (Narvik) 90
Loen 80, 105; B8/B9
Loenvatnet **80**, 105
Lofoten 10, **91**, 108; C5/D4
Lom 58; C8
Lom stavkirke 58, **59**
Lyngør 34; C10
Lysgaardsbakkene
 (Lillehammer) 54, **55**
Lysøen 70; A10
Lærdalselva 111

M
Maihaugen (Lillehammer)
 54, **55**
Mandal 34; C11
Mariakirken (Bergen) 68
Merdø 31, **34**
Merdøgaard Museum 34
Meridiansäule
 (Hammerfest) 84
Mjøsa 54
Modumer Kobaltgruben
 46

Molde 77, **81**; B8
Munch, Edvard 50
Munchmuseet (Oslo) 42
Munchs hus
 (Åsgårdstrand) 50
Munkholmen
 (Trondheim) 97
Myrdal 110
Måbødalen 71; B9

N
Namsen Lakseakvarium
 99; D7
Namsskogan Familiepark
 (Trone) 22; D9
Narvik 89; E4
Nasjonalgalleriet (Oslo)
 42
Neverfjell 56; C9
Nidaros Domkirke
 (Trondheim) 97
Nigardsbreen 60, 103;
 B8/B9
Noahs Ark (Restaurant,
 Oslo, Tip) 46
Nord-Norsk Kunstnersentrum (Svolvær) 91
Nordkap 82, **83**, 108; E2
Nordlysplanetarium
 (Tromsø) 94
Norseter 56
Norsk Fjellmuseum
 (Lom) 59
Norsk Oljemuseum
 (Stavanger) 73
Norwegerpullover 19
Numesdalslågen 52
Nusfjord 92
Ny Hellesund 31
Nyksund i Vesterålen 92;
 D4
Nøtterøy 47
Nærøyfjord 110

O
Oddernes kirke
 (Kristiansand) 32
Ofotfjorden 89
Olavsgruva 63; D8
Olden 105
Orrestranden 76;
 B10/B11
Oseberghaugen
 (Tønsberg) 48
Oslo 7, 30, **36**; D10
Oslofjord 30, **36**
Otrøy 77

Orts- und Sachregister

P
Pasvikdalen 86, **87**; G3
Peer Gyntveien 56; C9
Polarkreis 107
Pollfossen 105
Porzellan 19
Postschifftour 106
Preisklassen (Hotels) 15
Preisklassen (Restaurants) 18
Prekestolen 72, **76**; B10

R
Radfahren 25
Rafting 27
Rallarvergen 100
Rasmus Meyers Samlinger (Bergen) 65, **68**
Reine 92
Reiten 25
Rentierfell 19
Restaurant Charlotte (Loen, Tip) 17; B8
Ringve Museum (Trondheim) 98
Risør 34; C10
Rjukan 52, **53**; C9/C10
Rondane Nasjonalpark 63; C8
Routen 100, 102, 103, 106, 109
Runde 81; B8
Rundreise 109
Røros 51, **61**; C8/D8
Rådhuset (Oslo) 36, **41**

S
Saltstraumen 108
Sandefjord 50
Schärengürtel 31
Schmuck 19
Segeln 25
Selje 81; A8
Selje Kloster 81
Sem kirke (Tønsberg) 48
Senja 95; D3
Setesdal 35
Setesdal Mineralpark 35
Setesdalsbanen 35
Sjurhaugfossen 111
Sjøsanden 34
Skei 104; B9
Skeikampen 56
Skibladner 57; C9/D9
Skien 50
Skilaufen 26
Skudeneshavn 76; B10
Skåla 80
Slottsfjellet (Tønsberg) 47, **48**
Smelthytta (Røros) 61, **62**
Sogndal 103
Sognefjellveien 103
Sognefjord **71**, 109, 110; B9
Sommerskilaufen 26
Spezialitäten 17
Spirituosen 20
Spitzbergen 95
Sport 23
Sprachführer 120
St. Georgskapellet i Neiden 88; G2
St. Mikaels kirke (Hammerfest) 84
Stamsund 108
Stavanger 64, **72**; B10
Stavanger domkirke 72, **73**
Stavern 50
Stiklestad 99; C7
Stiklestader Freilichtmuseum 99
Storsteinen (Tromsø) 94
Stortinget (Oslo) 40
Strände 27
Strynefjell 81; B8
Stryn 105; B8
Strynefjellet 105
Suphellebreen 105
Svalbard 95
Svartisen **92**, 107; D5
Svartisvatnet 92
Svolvær 91
Søndervika 63
Sørlandet 21, **30**

T
Telemark Sommerland (Bø) 22
Tjøme 47, 50
Touren 100, 102, 103, 106, 109
Troldhaugen (Bergen) 65, **68**
Trollstigen (Geirangerfjord, Tip) 80; B8
Trollvegen 81; B8
Tromsø **93**, 107, 108; E3
Tromsø Museum 94
Trondenes kirke 91
Trondheim **96**, 107; C7
Tyholmen i Arendal 35
Tønsberg 47; C10

U
Ullandhaug (Stavanger) 73
Ulvik 70
Undredal 110
Unterkünfte 14
Urnes stavkirke 60; B9
Usteoset 109
Utstein Kloster 76; B10

V
Vadsø 88; G2
Valdresflya 102
Vallestadfossen 104
Vangsvatnet 71
Vardø 88; G2
Vardøhus museum 88
Venstøp 50
Verdens Ende 50
Veslefjell 102
Vestfold Fylkesmuseum (Tønsberg) 48
Vestkapp 107
Vigelandsparken (Oslo) 36, **41**
Vigra 77
Vikinglandet (Vinterbro) 22
Vikingskipet (Hamar) 56
Vikingskiphuset (Oslo) 36, **42**
Villa Fridheim (Noresund) 22
Volksseele 8
Voss 71; B9
Vågåmo 60; C8
Vøringsfossen 71

W
Walsafari (Tip) 92
Wandern 27
Wanderung 102
Weine 20
Wildwasserfahren 27

Ø
Øvre Pasvik Nasjonalpark 87; F3

Å
Å 92
Ålesund **77**, 106, 107; B8
Åsgårdstrand 31, **50**

IMPRESSUM

WICHTIGE INFORMATIONEN

Liebe Leserinnen und Leser,

wir freuen uns, Ihre Meinung zu diesem Reiseführer zu erfahren. Bitte schreiben Sie uns, wenn Sie Berichtigungen und Ergänzungsvorschläge haben oder wenn Ihnen etwas besonders gut gefällt:

Gräfe und Unzer Verlag, Reiseredaktion, Postfach 86 03 66, 81630 München

Alle Angaben in diesem Reiseführer sind gewissenhaft geprüft. Preise, Öffnungszeiten usw. können sich aber schnell ändern. Für eventuelle Fehler übernimmt der Verlag keine Haftung.

Redaktion: Christa Botar, Christof Klocker; Redaktion für die 2. Auflage: Bärbel Kupec
Kartenredaktion: Markus Röleke

**Bei Interesse an Karten aus MERIAN-Reiseführern schreiben Sie bitte an:
Gräfe und Unzer Verlag GmbH
Kartographie, Grillparzerstraße 12
81675 München**

Gestaltung: Ludwig Kaiser
Umschlagfoto:
U. Haafke, Stabkirche in Urnes
Karten: MERIAN-Kartographie
Produktion: Helmut Giersberg
Layout: B. Lucio
Druck und Bindung: Stürtz AG
ISBN 3-7742-0480-2

Fotos: A. Carstanjen Schroth 30, 63; K. de Cuveland 47; edition vasco/ P.-A. Hoffmann 9, 49, 66, 76, 93, 96; U. Haafke 6, 16, 25, 26, 28, 37, 51, 58, 60, 72; V. Janicke 64, 84, 89; J. Jepsen 21, 54, 100; G. Jung 2/3, 7, 12, 14, 21, 23, 41, 43, 45, 69, 77, 79, 83, 102, 114; H. Klüche 107; J. Meier 61, 71, 88, 91; J. Scholten 82, 86

Dieses Buch wurde auf chlorfrei gebleichtem Papier gedruckt.

Auflage 6.   5.   4.   3.   2.
Jahr   2004 03   02   01   00
© Gräfe und Unzer Verlag GmbH, München

Alle Rechte vorbehalten. Nachdruck, auch auszugsweise, sowie die Verbreitung durch Film, Funk und Fernsehen, durch fotomechanische Wiedergabe, Tonträger und Datenverarbeitungssysteme jeglicher Art nur mit schriftlicher Genehmigung des Verlages.

MERIAN scout
Der erste Reiseführer für Auto-Navigationssysteme.

Hotline 0180/532 533 5